2

アドラー心理学を語る

グループと瞑想

野田俊作

創元社

アドラー心理学を語る2

グループと瞑想

目次

装幀　上野かおる

はじめに

「アドラー心理学を語る」シリーズの第1巻『性格は変えられる』ではアドラー心理学の古典理論について書きましたが、この第2巻『グループと瞑想』では治療について書きます。アドラー自身の時代からそうなのですが、基礎理論についてはすべての治療者の間で合意があるとはいえ、具体的な治療技法については、治療者ごとに個性があります。私の場合は、古典的なライフスタイル分析治療もするのですが、それに加えて、グループ療法と瞑想を取り入れています。後者が本書の主な話題です。

グループ療法については、すでにアドラー自身が使っていましたが、瞑想については、アドラーはまったく知りませんでしたし、現在の西洋の治療者たちも知らない人が多いのです。しかし、瞑想や仏教との関係について、いくつかの論文を英語やドイツ語で書いて、国際的な認知を得ていますので、ここに書かれているのが異端説であるというわけではありません。ただ、かなり私の個性的な治療法であることは認めます。

本書の初出は一九八七年*に出版されました。それから、宗教や瞑想についての私

*本書の初出は一九八七年の『オルタナティブ・ウェイ』とそれを改題した一九九一年の『アドラー心理学トーキングセミナー』(いずれもアニマ2001発行)。

の考え方はずいぶん変わりました。ですから、本書の中に書かれている考え方ややり方で、今はもう使わなくなっているものもありますし、逆に、本書に書かれていない考え方ややり方を新しく取り入れたこともあります。とはいえ、その背後にあるアドラー心理学の基礎理論についてはまったく変化していないので、今でも古くなったとは思っていません。基本的な筋さえしっかり通っていれば、方法は自由に選べると考えています。

再編集にあたっては、表記や用語を大幅に改めましたが、基本的に本文の骨子には手を入れず、必要があれば脚注で補足する方針にしました。治療の深い「コツ」に触れている部分もあると自負しています。本書を通じて、一人でも多くの方がアドラー心理学の実際的な応用について学んでいただけると、とてもうれしく思います。

野田俊作

第1章 グループ・セラピーの方法

Q 1.グループ療法とはどんなものですか

——では、次に治療の話を聞かせていただけますか。

私はグループ・セラピストだから、グループ療法のことを中心にお話ししますね。

その前に、ちょっとお勉強をしておきたいんですが、グループ・セラピーなりグループ・カウンセリングの歴史をおさらいしておきたいと思います。というのは、グループ療法をはじめたのは、実はアドラー[*1]とアドレリアン（アドラー派の心理学者）たちなんですよ。

——そうなんですか。私はまた、ロジャースのエンカウンター・グループあたりからだと思っていました。

ロジャースは、ドライカース[*2]と友達だったんです。ドライカースは戦前からグループ療法をやっていたから、ロジャースは、たぶんドライカースからアイデアをもらってグループをはじめたんだと思う。もっとも、これは私の勝手な思いこみで、本当かどうか知らないけれどね。ともあれ、初期のグループ・セラピストは、たいていアドラーかドライカースの友達なんです。ロジャースの他にも、マズロー[*3]とか

＊1アドラー（Alfred Adler 1870–1937）
オーストリア生まれのユダヤ人精神科医。一時はフロイトと一緒に研究していたが、のちに訣別して個人心理学とも呼ばれるアドラー心理学を開発した。著書に「アドラーセレクション」として『人生の意味の心理学』『個人心理学講義——生きることの科学』『人はなぜ神経症になるのか』（いずれもアルテ刊）などがある。

＊2ドライカース（Rudolf Dreikurs 1897–1972）
オーストリア生まれのユダヤ人の精神科医。アドラーの生

O・H・マウラー[4]とかね。
――アドラーの影響でグループ・セラピーをはじめた人が多いんですね。

　そうだと思います。ついでに宣伝しておきますが、グループの他にも、アドラーは実に多くのものを創始したんですよ。たとえば、エリス[5]なんかに代表される認知心理学的な治療法は、アドラーにはじまるんです[6]。

――論理療法は、S・I・ハヤカワの一般意味論あたりにルーツがあるのかと思ってました。

　それに、今はやりの逆説的なアプローチも、歴史をたどれば、アドラーが最初なんです[7]。

――そうなんですか。

　家族療法もそうです。今私がお話ししているように、トランスパーソナル（超個）心理学の基本的なアイデアも、アドラーはすでに持っていましたね……。彼は、すべての面で五〇年くらい早すぎたんですね。だから理解されなかった。

　さて、アドラーは、一九二〇年代にはすでに、彼が開設したウィーンの児童相談所を中心に「オープン・カウンセリング」をやっていたんです。振り返ってみると、それが精神医学・臨床心理学の世界での、最初のグループ・カウンセリングなんですね[8]。

徒となってのち、アメリカに渡りシカゴを中心に活躍して、アドラー亡きあとのアドラー心理学を背負って立った。著書に『子どものやる気』（創元社）などがある。

＊3 マズロー（Abraham H. Maslow 1908–1970）
アメリカ生まれのユダヤ人心理学者。人間主義心理学の提唱者。

＊4 マウラー（Orval Hobart Mowrer 1907–1982）
アメリカの心理学者。はじめは行動主義者であったが、のちに人間学派に近い立場をとるようになった。グループ療法の草分けの一人でもある。

＊5 エリス（Albert Ellis 1913–2007）
アメリカの心理学者。はじめはフロイトの影響下にいたが、

グループ・セラピーの利点とは

それまでは、フロイト[*9]の影響で、面接は一対一でなければならないという信仰があって、クライエント（来談者）をグループで扱うことなんか誰も考えもしなかったんです。アドラーは自由に発想する人だったから、そういう常識にはとらわれなかったんですね。

オープン・カウンセリングは、ただ観衆の前で個人カウンセリングをするというだけのことではありません。治療者は、観衆がつくりだすグループ・ダイナミックスを絶えず意識的に利用して治療に役立てます。たとえば、クライエントに直接話しかけないで、観衆に向かって話しかけたりします。

――それはどういう効果があるんですか。

これは私の先生のシャルマン[*10]がいつも言うことですが、人間は、自分に向かって語られることよりも、自分について他人同士が語りあっていることのほうに耳を傾けるものです[*11]。そうでしょう。

――それはそうですね。

だから、本気でクライエントに伝えたいことは、クライエントに向かって言うよりも、観衆に向かって言うことが多い。

のちにアドラーの影響を受けて、彼独自の「論理情動療法」という治療技法を開発した。著書に、『論理療法』（川島書店）、『神経症者とつきあうには』（川島書店）、『人間主義心理療法』（サイエンス社）などがある。

＊6「一九一一年ごろウィーンで、アルフレッド・アドラーとジグムント・フロイトとが、多年にわたる協力関係に終止符を打って袂をわかったときが、心理療法における認知主義の真の出発の日であったと言ってよい」Werner, H. D.: Cognitive Therapy. The Free Press, New York, 1982.

＊7「モジャーズ、マキテーリ、リジツキによれば、西欧文明の中で逆説戦略を使用し

その他にも、さまざまにグループの持つ力を利用します。

一方、観衆たちも、カウンセリングを受けているクライエントと同じくらいに、あるいは時にはそれ以上に、自分たちの問題について理解を深めて成長してくれます。だいたい観衆も同じような問題を抱えている人が多いので、身につまされてしまうのね……。

アドラー自身、オープン・カウンセリングのこのような作用をはっきりと自覚していました。このような意味から、オープン・カウンセリングは紛れもないグループ・セラピーだし、アドラーの試みを世界最初のグループ・セラピーであると主張することは、何ら不当ではないと思います。

――古くからの伝統があるんですね。でも、クライエントは観衆の前で自分をさらけだすことになるわけだから、抵抗はありませんか。

私は思うんだけれど、人前でオープンにできないような問題は解決できない。また、人前でオープンにできるようになったときには、すでに半分解決している。もし人前で自分の問題をオープンにすることに抵抗があるなら、しばらく見学だけしていればいい。それでもずいぶんよくなります。

ともあれ、このオープン・カウンセリングが、私のグループ療法の源流の一つなんです。クライエントだけではなくて、専門のカウンセラーでも、我々が公開の場

記述した最初の人は、アルフレッド・アドラーである。逆説は、心理療法に適用された弁証法であると、モジャーズらは指摘した。アドラーは、ニーチェやヴァイヒンガーやヘーゲルの著作に強く影響されて、弁証法思考が自分の心理学の方策であると信じていた」ウィークス・G・R、ラベイト・L『逆説心理療法』（篠木満ほか訳、星和書店）

＊8「アルフレッド・アドラーは、医師や教師や患者たちからなる多数の聴衆の面前で個人療法や家族療法を行なった最初の人である。……このように多くのリスクを冒しながらこれほど多くのことを人々と分かちあった心理療法家は、アドラーをおいてはいない」

Dinkmeyer, D. C. et al.: Adlerian Counseling and Psycho-

で個人カウンセリングをするというと、びっくりする人が多いんですが、一度公開カウンセリングの味をしめると、やめられなくなりますよ。それはそれは便利なんです。私は全国各地でオープン・カウンセリングをやっているし、私の仲間もあちこちでやるようになりました。興味のある方は見学に来てください。誰でも見学していただけますから。

◆アドラー心理学は開けっぱなしの宝物庫

——誰でも参加してかまわないんですか。

ええ、かまいません。

さて、話を戻して、オープン・カウンセリングの他に、アドラー心理学にはもう一つのグループの伝統があります。アドラーの死後、シカゴのルドルフ・ドライカースは、「スタディ・グループ」と称して、主として問題児を抱えた親や教師のための、テキストの論読と、それに基づくディスカッションを中心とする、勉強会形式のグループ・セッションを開発しました。

彼らのスタディ・グループは、のちにアメリカでは「ＳＴＥＰ（ステップ）」などというプログラム化された学習会に発達していきましたし、私が開発した親のための育児法コース「パセージ（Passage）」や「パセージ・プラス（Passage Plus）」なんかも、

therapy. Brooks Cole, Monterey, 1979.

＊9フロイト(Sigmund Freud 1856–1939)
オーストリア生まれのユダヤ人。精神分析学を創始した。一時アドラーやユングと仕事をしていたが、学説の違いから訣別した。著作集が人文書院と日本教文社から出版されている。

＊10シャルマン（Bernard H. Shulman 1922–）
アメリカ生まれのユダヤ人精神科医。ドライカースに師事してアドラー心理学を学び、ア

この流れの上にあります。

　こういったアドラー心理学オリジナルのコース以外にも、同じような形式の、さまざまな能力開発や社員教育のコースがあるでしょう。そういったものも、ドライカースのスタディ・グループの影響を受けてできているんです。実際にアドレリアンが企画に参加しているものもありますしね。多くの場合、アドラーやアドラー心理学の名前は前面には出ていませんが。

――なぜ、前に出ないんですか。

　アイデアを盗用されているの。精神医学史家のエレンベルガーは、「アドラー心理学は開けっぱなしの宝物庫のようなもので、誰もがそこから断わりなしに宝物を持っていく」と言っています。[*12] とても不思議なことなんですが、アドラーやアドレリアンたちからの引用に限って、著者たちは出典を示さないんです。もっとも、天国にいるアドラーは、「それでいいんだ」と言うと思いますがね。彼はそういう人だったんです。私も、アドラー心理学が人類共有の財産になってくれればそれでいいので、アドラーなりアドラー心理学なりといった名前が忘れられても、いっこうにかまわないと思っています。


ドラー心理学による統合失調症の治療技法を開発した。著書に『精神分裂病者への接近』(岩崎学術出版社)、『ライフ・スタイル診断』(一光社) などがある。

＊11「人は、自分に向かって語られることよりも、自分について語られることのほうに、より注意深く耳を傾けるものである」
Shulman, B. H.: Essays in Schizophrenia. Williams & Wilkins, Baltimore, 1968.
シャルマン・B・H『精神分裂病者への接近』(坂口信貴ほか訳、岩崎学術出版社)

＊12「アルフレッド・アドラーほど、あらゆる方面から無断で引用された学者はいないのではないだろうか。彼の教説は、まるで開け放たれた宝

◆現代的グループ・セラピーの特色

以上はアドラー心理学内部の話……。アドラーの他にも、現代的なグループ療法の先駆けになったものに、ヤコブ・モレノの心理劇（サイコドラマ）がありますね。そういった先駆的な動きを受けて、一九六〇年代からグループ療法の研究が盛んになって、一九七〇年代は、よかれ悪しかれ、グループ療法の時代になったのはご存じのとおりです。

ロジャース派の「エンカウンター・グループ」とか、エリック・バーンたちの「交流分析」とか、パールズ一派の「ゲシュタルト療法」などは日本にも輸入されて有名になりましたね。その他にも、その時代には日本ではあまり知られていなかったけれど、ずいぶんさまざまな理論や技法が開発されたんですよ。ローウェンの「バイオエナジェティックス」とか、アサジオリの「サイコシンセシス」とかね。そういうのが、カリフォルニアの、特にエサレン研究所あたりに巣喰っていましてね、お互いに交流しながら、さまざまな技法を発達させていった。

――一時は大変な勢いでしたね。

こういった流れを「現代的なグループ療法」と一括するとすれば、前述したオープン・カウンセリング、スタディ・グループ、あるいはサイコドラマなんかの、いわば「古典的なグループ療法」と比較して、いくつかの共通した特徴が指摘できる

物庫のようになってしまって、誰がやってきて誰に断わりもせずに何を持ち出してもかまわないかのようである。他の学者の著作から引用するときには丹念に出典を明記する人々でも、アドラー心理学から引用するときに限っては、決してそうしようとはしないのである」

Ellenberger, H. F.: The Discovery of the Unconsciousness. Basic Books, New York, 1970. エレンベルガー・H・F『無意識の発見――力動精神医学発達史（下）』（木村敏・中井久夫監訳、弘文堂）

と思います。

まず、現代的なグループ療法は、セッションの現場での体験や感情を扱うことを原則にしています。これを「今ここで性」と言うのだけれど、この「今ここで性」は、たぶんパールズあたりが、禅などの東洋思想の影響を受けて導入したものだと思うんですが、古典的なグループ療法と現代的なグループ療法とを分かつ最も大きな指標だろうと思います。

――「ヒア・アンド・ナウ」は流行語のようになりましたね。

第二に、現代的なグループ療法は、何らかのゲームを本体として、そこでの体験をもとに、シェアリング・セッションで話し合うという形式をとっているのが普通です。ゲームは、あらかじめ完全にプログラムされている場合と、用意はされているが、場の状況によって、用意されているゲームの中から適宜ふさわしいと思われるものをリーダーが選択して指示する場合とがありますね。ロジャース派のエンカウンター・グループは、あらかじめプログラムを用意しませんが、あれは例外。

――エンカウンターは標準的なグループではないんですか。

そう思っているのは日本人だけですよ……。

さて、こういった新しい動きに呼応して、アドラー心理学でも、いくつかの現代的なグループ療法のプログラムが開発されました。たとえばワルター・オコンネルという人は、「ナチュラル・ハイ・セラピー」と称して、心理劇の要素を取り入れながら、独特のグループ療法を開発しています。* 私も、このような新しい様式のグループ療法を行なうことがあります。

——私がこれまで体験したグループも、そういったものが主流でした。

私の先生のシャルマンが、「アドレリアンをやっていると、どこへ行っても既視《デジャ・》体験《ヴュー》ばかりだね」って、よく言っていたんだけれど、本当です。新しいタイプのグループなんて言っているので期待して参加してみても、アドラーが五〇年前にやっていたことばかりです。ゲシュタルトも、どこかで見たことがあるなあ、交流分析も、何だか前から知っていたような感じだなあ。そんなので、刺激がなくてつまらない。

交流分析やゲシュタルトの人は、「アドラーの言うこれこれは、実は我々の言うこれこれであるにすぎない」なんて言うんだけれど、我々アドレリアンのほうが、彼らよりも五〇年も前から言っているんだよ(笑)。別に、早くても遅くてもかまわないけれどね。

なぜグループ療法は下火になったと言われるのですか

——一九七〇年代と比較すると、グループ・セラピーは少し下火になってきている

* O'Connell, W. E.: Action Therapy and Adlerian Theory. Alfred Adler Institute of Chicago, Chicago, 1975.

ように思うんですが、どうなんでしょうか。

　グループの時代は終わって、家族療法の時代になったと言われますね。この世界にも流行がありましてね。確かに一時にくらべると、グループ療法は下火になってきていると思う。

——なぜ、そうなったと。

　さまざまな理由があると思います。まず第一に、グループに対する世間の期待が大きすぎたこと。

——確かに多大な期待を持った時期がありましたね。

　グループに出さえすれば、何もかも解決するような（笑）。グループ療法も、決して万能ではない。グループ療法にはグループ療法の守備範囲、家族療法には家族療法の守備範囲がある。そこをしっかりと見ていかないといけない。下火になったということは、だから一面では、現実化してきたということだと考えてもいいと思う。アイドル歌手としての浮ついた人気の時代が終わって、渋い本格派に変身していく時節なんだ（笑）。

——家族療法にアイドル歌手の座は奪われたけれど、グループ・セラピーは、引退はしないで、もっと地味な活動を息長く続けていく、というわけですね。

　まあ、そんなところです。第二に、グループ療法の効果が長続きしないことがばれてしまった。

◆**社会に戻ったときに通用するものを**

――それは本当ですね。グループに参加して、わーっとハッピーになって帰ってくるのだけれど、しばらくすると冷めてしまう。

早くて一週間（笑）。

――よくもって三か月（笑）。

これはね、前にも言ったんだけれど、ある意味で、セラピスト側のミスだと思うんです。実際の社会へ帰ったときに通用しないような考え方やふるまい方を身につけさせることがいけないんだ。グループの中では受け入れられてとても気持ちよくなるんだけれど、実社会へ帰った途端に浮きあがってしまう。それではいけないんだ。

アドラー心理学がエンカウンター・グループや感受性訓練に対して批判的なのは、この点なんです。あんな極端な行動様式を身につけさせたのでは、社会から落ちこぼれさせるだけだ。

――実際に、そういったグループに出ておかしくなった人がいると聞いたことがあります。

そう。私も何人か診たことがありますよ。すっかり変になって手こずったことがある。グループに限らず、セラピストは、「私が今この人に教えようとしていることは、この人が帰っていった先で受け入れられるだろうか」と、いつも自分に問いかけなければならない。よきコモン・センスに則って、治療をデザインしなければならない。

だからといって、完全に保守的になって、社会適応一点ばりになっても治療にならない。今の社会にごまをするのではなく、それを乗り越える姿勢は持っていなくてはならない。そのあたりの中庸の美徳があるんですよ。それを見失うと失敗する。エンカウンター・グループや感受性訓練のやり方、我々の言葉でいう「雰囲気」ね、それは一般社会の通念からかけ離れているし、仮にあれで考え方や行動が変わることがあったとしても、それは長続きしない。

――現実との落差が極端すぎるんでしょうね。

◆社会のニーズも変化した

グループ療法が下火になった第三の理由は、社会の側のニーズが遠ざかったこと。エンカウンター・グループみたいなのがグループだと思われてしまって、「あんなのならごめんだ」という空気が広がってしまった。期待過剰だったのが、失望過剰のほうへ振り子が振れましてね。そうすると、我々セラピストも商売ですからね、売れる商品に切り替えてしまう(笑)。アメリカでは、心理療法は完全な商売ですからね。セラピストも割り切っていますよ。ニーズのある商品を供給しないと、自分が食い詰めてしまう。だから、家族療法が売れるとなると、昨日までグループ一本で家族療法なんかやったこともない人が、突然、家族療法家に変身する。こうして、供給側が減ってしまった。

——サイコセラピーは、現実適応というみみっちいところばかりを周回しているわけではないというものの、現実には利益優先で、資本主義的に動いているわけですか。

アメリカではね。日本では必ずしもそうではない。「ニューヨークで今流行の何かです」と言えば、実際のニーズがあろうとなかろうと売れるんですよ(笑)。日本の家族療法の流行には、少しそういうところがないでもない。ひと昔前のグループ療法の人気もそうでしたがね。

そういった流行と離れて冷静に考えると、日本では、グループの需要はこれからだと思うんです。とうとう日本人も、グループ療法に参加して慰めあわないとやっていけないほど孤独になった。

——野田さんは家族療法には批判的なんですか。

そうでもないんだけれど、グループのほうが体質に合っているんです。女と音楽と治療技法とは、徹底的により好みをすることにしていますのでね（笑）。

Q 2. グループがめざすものは何ですか

――グループ療法に参加すると、どんな利益がありますか。

昔、ボーディダルマ、達磨大師ね、彼が中国へ来たときに、中国の王様が、「仏教を信仰するとどんなご利益《りやく》があるか」と聞いたんだそうです。ボーディダルマは、あのどんぐり眼をぎろっと剝いてぶすっとして言ってのけた。「ご利益なんかない」*(笑)。

ある意味では、これは本当です。グループに出ても、ご利益はいっさいない。知識が増えるわけでもないし、お金が儲かるというような現世利益もない。そう考えておいたほうがいい。

――何だか、がっかりしてしまうんですが。

何かを期待してグループに行くと、裏切られますよ。

――だって、よく言いますでしょう。グループがはじまるときに、リーダーが、「このグループに何を期待して来ましたか」なんていうふうに。野田さんは言わないんですか。

*「(達磨が中国に来たとき)梁の武帝が達磨を招いて問うた。『朕は即位して以来、寺をつくり経を写し僧を保護したことは数えきれない。さて、どのような功徳があるだろうか』。達磨は答えた。『いささかの功徳もない』。帝『なぜ功徳がないのか』。達磨『そんなものはただ人間世界の小さな出来事で、かえって邪魔になる。形にそう影のようなもので、あるといっても実際にあるわけではない』。帝『それでは、真の功徳とはいったい何か』。達磨『正しい智慧である。それは完全に円満しておりながら、しかも固定した実体ではない。こういった功徳は世間では役に立つまい』。帝『根本の真理とはどのようなものであるか』。達磨『真理などない』。帝『朕に向かいあっているお前はいったい誰か』。達磨『知らん』。帝は理解できなかった。達磨

言いますよ。「このグループに何かを期待して来ましたか」って。それで、「はい」って答える人には、「すぐやめなさい」って言う(笑)。何かを期待してグループに来ると、その期待が最大の障害になる可能性のほうが大きい。私のグループに来て、何かを学ぼうだの、成長して帰ろうだの、具体的な問題を解決して帰ろうだのというのは、とんでもない心得違いだ(笑)。

——企業から派遣されて、きっと報告書を書かないといけない人だっているでしょうに。

嘘っぱちを書いておけばいい(笑)。「大変勉強になりました」と。まさか、「アドラーのグループに参加して、すっかり馬鹿になりました」なんて書けないだろうから(笑)。とにかく期待していると何も起こらない。**期待しないでただエンジョイしていると、起こるべきことはすべて起こる。**

——ああ、やっぱり何か起こるんですね。

どうかな。だから、冒頭に言うんです。「これは、お金を払って馬鹿になるための会です」(笑)。

は、まだ時期ではないと思い、梁の国を去った」
承天道原『景徳伝燈録・菩提達磨』

◆期待しないところで何かが起こる

——参加者の感想はどんなものですか。

感想はたくさんいただきます。要約して言うと、「何かわからなかったけれど、何かが変わった」というようなことね。うまく言葉にならない。体験そのものも、その体験による変化も、言葉ではないところで起こる。

ケース 「何も起こらなかった」人

面白い話があるんですよ。二泊三日間のあるグループでね、別れ際に、「まったく何も起こらなかった」と言い張る参加者がいたんですよ。グループは山の中でやったんだけれど、その人はね、グループが終わって、町まで帰ってきたのね。電車から降りて地下街に立った途端に、そこらじゅうがきらきら輝いて見えたんだって(笑)。そのときにやっと、その人は、ものすごいことが起こっていることに気がついたのね。彼が期待していたことは何一つ起こらなかった。彼が予想もしないところで何かが起こった。その人は、それからすっかり変わってしまった。そういうことはよくあるんです。

――そういう変わり方なんですね。

ケース もう一度結婚式を挙げた人

もう一人面白い人がいた。その人は、はじめはびっくりしてしまってね、逃げて帰ろうかしらと思ったんだって。私のグループでは、ひどいことは何もしないんだけれど、雰囲気が、彼が期待したのとあまりに違っていたのね。けれども、人里離れた山の中でやっていたものだから、逃げて帰るわけにもいかない。それでずるずる三日間いたんです。いやだいやだって思いながら。

ところが、帰りの電車の中で何かが起こったのね。町へ出て、宝石屋さんへ飛びこんで、奥さんに指輪を買ったんですって。もう一度結婚指輪を贈って、もう一度家庭生活を根本からやりなおそうと、ゼロから出発して仲よく暮らそうと、なぜか決心してしまったんですって。そういうことはグループの中ではまったく取り上げていないんですよ。不思議ですね。

――リーダーが不思議がっていていいんですか（笑）。

いけませんかね（笑）。アドラー心理学に基づくグループ療法では、セラピストは個人ではなくて、グループ全体を扱うんです。グループは個人の集合ではなくて、一つの分割できない全体、生きた有機体だと考えます。だから、個人に何が起こっているかは、私は知らない、わからない。

そのかわり、サブ・セラピストが最低二人いましてね、その人たちが個人を見ていてくれる。男性と女性と、最低一人ずつの助手を使うんです。複数の治療者を使うのは、アドラー心理学のお家芸ですからね。

――問題のありそうな人は、サブ・リーダーがフォローするわけですね。

そうです。彼らは私にいちいち報告することはしないから、私は知らない。

グループは代替社会の実験場なのです

――野田さんのグループと他のグループとの最大の違いは何ですか。

それはね、**グループ療法とは現在の社会に対する代替案の実験場**だと考えていることだと思う。オルタナティブ・ソサエティ（代替社会）として、グループ療法をとらえたいの。

だから、グループは、来たるべき我々の理想社会の香りを、ほんのちょっとでもいいから、含んでいないといけない。別の言い方をすると、グループ療法というものは、永久に続くことも可能であるように設計されていないといけない。一時的なものではなくて、その中でずっと暮らすということになってもかまわないように……。実際にはそんなことは起こらないんだけれど、理念としてはね。

――一時的な治療の場とはとらえないわけですね。

もちろん治療的な場ではあるんだけれどね。私のグループでよく言うんですよ。「このグループに生産活動がくっついたら、このままでいつまででも暮らしていけるでしょう」って。生産活動さえくっつけば、三日や四日ではなくて、三年でも四年でもやっていける。そういうふうにつくってある。

——コミューンですか。

そうです。私のグループは、コミューン・タイプのグループなんです。そこではみんなが仲よく一緒に暮らしていける。それは、未来の社会のモデルなんだと思っています。

——話がそれるかもしれないけれど、コミューン運動についてどう考えているんですか。

私は一種のコミューン主義者なんです。ただ、今までのコミューン運動には批判的なんです。

まず経済学的な問題がある。コミューンが今の資本主義社会に経済的に寄生していたのでは、それは本当の代替社会とは言えない。コミューンに暮らしながら、外の社会に働きに出る、というタイプのコミューンは、コミューンではなくて、ただの下宿屋だ。

また、コミューン自体がビジネスを持っていて、一般社会と取り引きしているのは、ややましだけれど、なお社会の寄生虫ではあると思う。

では、完全な自給自足コミューンはどうかというと、アーミッシュ*なんかがそうなんですが、数百年前の暮らし方でしょう。あれも感心しない。では、どうすれば

＊アーミッシュ（Armish）アメリカ・ペンシルヴァニアの州にある宗教的コミューンの一つ。いっさいの現代文明を拒否し、中世そのままの農民的生活をすることで知られている。

いいのかというと、わからないんですよ。私自身混乱している。

――まだ模索中ですか。

いや、今はどんなコミューンも、結局は失敗するだろうと、やや悲観的なんです。我々一人一人が共同体的暮らし（コミューナル・ライフ）ができるまでに成長することが先決問題であるように思う。コミューナル・ライフという言葉は、アドラーもよく使ったんですが、単に共同生活ということではなくて、共同体感覚に基づく暮らしという意味なんです。つまり、縦の関係ではなくて横の関係、競争ではなくて協力、そういった人間関係のあり方の根本的な変革に加えて、世界との調和についての瞑想的な目覚め。

――瞑想的な。そのあたりが野田さん的ですね。

今の社会の中ででも、そのように暮らすことは不可能ではないし、そのように暮らす人が増えていけば、社会全体が少しずつ、あるいは急激に、コミューン化するだろう。もっとも、私の目の黒いうちにはそういうことはありますまいがね。

――ライアル・ワトソンふうの急激な意識の進化でも起こらない限り、無理でしょうね。

ゆっくりかまえてはいられないほどに、事態は切迫しているとも思うんですよ。だからといって急いでも仕方がない。成長には時間が必要です。個人が促成栽培できない以上に、人類全体の成長には長い時間がかかる。

◆罵りあう社会から協力しあう社会へ

さて、本題に戻って、我々の未来の社会が、お互いに罵《ののし》りあう社会であるのなら、私はごめんだ。たとえばエンカウンター・グループでは、参加者同士が罵りあうことがあるでしょう。そういう社会には暮らしたくない。

お互いに尊敬しあい、信頼しあい、協力しあって生きていく、人と人とが近づくのはただ抱擁しあうためだけであるような、言葉はただ勇気づけのためにだけ使われるような、いつかそんな社会に暮らしたい。だから、グループもそのようでなければならない。

——でも、そういう新しい生き方を模索するプロセスとして、エンカウンターのような体験が必要だという意見もあるでしょう。

ナンセンス。我々が助けあい、いたわりあって暮らすためのプロセスとして、罵りあい傷つけあい辱《はずかし》めあう必要があるとは、とても思えない。それは、平和のために戦争するというのと同じくらいナンセンスだ。

——では、グループ療法の目的を一言で言うと。

アドラー心理学の立場から言えば、グループ療法の目的は、「共同体感覚の育成」

の一言に尽きます。グループとは、共同体感覚を芽吹かせるための苗床なんです。アドラー以来、我々はずっとそう考え、そうしてきました。* 共同体的な生活を実際に経験しないで共同体感覚に目覚めることはできないと、私は思う。

共同体感覚は言葉では学べない。ただ体験的に目覚めることができるだけだ。だから、グループ療法が共同体感覚の育成を目標にするとすれば、それは疑似共同体でなければならないと思う。つまり、今の非共同体的な社会への一つの対案でなければならないと思うのです。

グループ療法がそのまま続けば、そこがそのまま共同体であり、新しいかたちの人間の生活の場であるようでなければ、よいグループとは言えないと思います。だから、グループが何年も持続したとしても、メンバーがそこで幸福に生活できるような設計がされていないといけない。別の言葉で言うと、「ああ、人間はこうやって暮らせば幸福になれるんだ」とメンバーが体験的にわかってくれるようなグループでなければならない。

共同体感覚はどのようにして育成されるのですか

――グループと共同体感覚の関係について、もう少し……。

我々が建設すべき新しい社会の標語は「無疎外」だと私は思うんです。

＊「精神科医や心理臨床家の使命は、患者に、他の人間と接触する体験を提供することであり、そのことを通じて彼らの共同体感覚を目覚めさせることであり、さらにはそれを他の人間に向かって発揮する機会を提供することである」Adler, A.: Problems of Neurosis. Harper & Row, New York, 1964 (original 1929). アドラー・A『人はなぜ神経症になるのか』(岸見一郎訳、アルテ)

個人が社会の道具にならないで、いつも主人でいられるように。社会は個人の幸福のための道具であるように。人が他人を道具にせず、また他人の道具にもならないでいられるように。みんなが自由であってほしいし、みんながお互いに疎外しあわないで暮らしたい。また、自分で自分を疎外することもなしに暮らしたい。

そうして暮らすときに、共同体感覚が現われる。共同体感覚と無疎外とは、同じことなんです。グループでは、私は参加者に共同体感覚をつくろうとはしない。もし私がつくろうとすると、それは「やらせ」だ。そうではなくて、無疎外な共同体をまずこしらえてしまうと、そこに共同体感覚が自然に現前する。

――「共同体感覚を持ちなさい」とは言わないということですか。

そうです。たとえば、「ギブ・アンド・テイクですよ。まず与えなさい。そうすれば与えられるでしょう」というような偽善的なことは言いたくない。

――我々の社会で最も支持されている徳目は、ギブ・アンド・テイクですよね。それが、いけないとなると……。

それは愛ではなくて商取引。信頼関係ではなくて信用。

共同体感覚を、たとえばギブ・アンド・テイクというような具体的な行動に翻訳して、それを参加者に強要するとき、そこで行なわれていることは、とてもうまく変装しているけれど、一種のエゴイズム教育だと思うの。中世の神秘主義者、マイスター・エックハルトがうまいことを言っています。「与えられることを期待して与える人には何も与えられない」って。*

——ただ与えなさい、見返りは期待せずにというのは、実際問題として非常に困難があります。お人よし、愚かな善人になってしまっては、この社会で適切に生きていけないでしょう。

そうかな。本当にそうだろうか。

共同体感覚には一種のパラドックスが含まれている。

まず第一に、「与えなさい」と人に強要することは共同体感覚ではない。強要というのは、「もし与えなかったら罰があるぞ」と暗黙に、あるいは明白に脅して与えさせることでしょう。そんなやり方は縦の関係であり、ファシズムであり、共同体感覚からは最も遠いものだ。これはわかりますか。

——ええ。でも、親や教師はよくそれをしているみたいですね。

本当にそうですね。親や教師がする道徳教育というものは、大部分はこれですね。あれはファシズム教育でしかない。

さて、第二は、「与えなさい」と強要されて、罰をおそれて与えるのは、本当の自発性ではない。これは奴隷根性であり、やはり縦の関係で、これまた共同体感覚から最も遠いものだ。

*「すべてのものを棄てる人は、それによってその百倍を受け取るであろう。しかしながら、その百倍をめざす人には何も与えられない。なぜならば、その人は、すべてを棄てるのではなく、その百倍を再び得ようと欲しているにすぎないからである。われらの主は、すべてを棄てる人々に対してのみ、その百倍を約束し給うのである。すべてを棄てるのであれば誰であれ、その人はその百倍を受け取り、さらには永遠の生命を与えられるであろう」

Meister Eckehart (Quint, J. ed.): Deutsche Predigten und Traktate. Diogenes Taschenbuch, München, 1979.

マイスター・エックハルト「ドイツ語説教集」『人類の知的遺産21　マイスター・エックハルト』(上田閑照訳、講談社)

──これは、身につけなければいけない徳目だからと、「教える」のも強要になりますか。

「与えなさい」と同じように、「思いやりを持ちなさい」「寛容でありなさい」などなど、どんな徳目も、強要したり強要されたりするならば、それは共同体感覚とは無縁だ。

──そうですか。

さらに、たとえ罰で脅さなくても、賞で釣るのもファシズム的だ。「与えなさい、そうすれば与えられるだろう」というのが、「与えられるという賞を得たいなら、その手続きとしてまず与えなさい」ということなら、これはただのエゴイズムの奨励でしかない。「この株に投資しなさい。そうすれば儲かるだろう」と言っているのと同じだ。

こういう教育をすると、投資効果のない銘柄には投資しなくなる。つまり、見返りがないとわかっているときには与えない。これは共同体感覚ではない。

◆共同体感覚は道徳ではない

──共同体感覚は、そういう意味では、いわゆる道徳とはちょっと違うものなんですね。

普通に言う道徳は「べき」あるいは「べからず」でしょう。共同体感覚は、「べき」ではない。「べき」はエゴイズムでありファシズムだ。共同体感覚があるときには、ついうっかりと道徳的にふるまってしまうだけなんだ（笑）。そうでなければ不自然だ。

ともあれ、共同体感覚に目覚めることが治療の究極目標だと考えるアドレリアンとしては、治療はどうしてもグループでなければならないんです。個人治療でいくら話し合っても、机上の空論、絵に描いた餅。ところがグループはそうではない。共同体の真っただ中で暮らすのですから、言葉ではないところで実感として共同体感覚に触れることができる。

——個人治療はあまり意味がないんですか。

そうは言わないですよ。個人の個性に応じた対応も必要ですからね。でも、個人治療は、グループがまずあってはじめて意味があると思います。個人治療なしのグループは可能ですが、グループなしの個人治療は不可能だ。共同体感覚という花を咲かせようとするのなら、グループという畑がどうしても必要なんだ。

——人間に本来備わっているものが、グループの中で自然に発現してくると……。

そうそう。種子が発芽してくる。神秘的ですね（笑）。こういう話は、我々東洋人にはわかりやすいんだけれど、西洋人にはとてもわかりにくいらしい。

それはね、ちょっと話が寄り道になるかもしれないけれど、「自然」ということについての基本的な構えの違いによると思うんです。西洋人にとっては、外なる自然であれ、あるいは内なる自然、すなわち我々人間の本性であれ、我々に敵対するもの、克服すべき対象としてしかとらえられないんですね。デカルトの二元論ね。

我々東洋人にとってはそうではない。天地山河であれ、あるいは我々の内なる本性であれ、我々が還っていくべきところ、故郷なんですよ。

――確かにそういう感じは強いですね。

自然という字は、「みずから然り」、あるいは「おのずから然り」と読めるでしょう。道教の文献を英訳するときに、無為自然の自然をナチュラルって訳さないで、わざわざセルフ・ソウなんて訳しているんですね。西洋人も、我々東洋人の言う自然が彼らの言うネイチャーとは違っていることに気がついているんだ……。

さて、自然は、「みずから然り」なのか「おのずから然り」なのか。みずからとおのずからとでは、ずいぶん違うでしょう。「みずから」というのは「意図的に」というようなことかもしれないし、「おのずから」というのは「我々の意図とは関係なく」ということでしょう。

――どっちなんですか。

哲学的な話なんだけれど、「みずから」と「おのずから」とが同じになるところが「自然」なんだと思う。みずから進んでやっていることが、すなわちおのずから起こることであるところ、そこが自然なんだと思う。主体的決断と宇宙の法則とが合致しているとき、それを自然という。人為的なものが宇宙の法則に対立しているときには不自然なんだ。

共同体感覚を、人為的につくろうとしたのでは不自然なんだよ。

――「つくろう」としたら、即不自然なんですね。

西洋の心理療法は、そういう意味ではすべて不自然だ。

――つくろう、治そう、適応させようと必死だから……。

そうでしょう。私は「つくろう」とは思わないで、「戻ろう」としている。とにかくグループの中である構造を提示してみて、それに触れて、参加者が自然にあるところへ還っていってくれるとうれしい。

――すると、参加者が一〇人いたとすると、皆が皆、同じ結論に達するのではなくて、一人一人受け取るものが違っていてもいい。

そうそう。だから私のグループでは、あまり言葉でシェアリングをしない。共通の体験を持つ必要なんかないんだ。

――言葉で統一してしまうと不自然になる。

そのとおり。共同体感覚は、頭でわかるべき事柄ではなくて、心でつかむべき事柄なんだ。

Q 3.グループ療法はどのように進めるのですか

――そろそろ野田さんのグループ療法について具体的な話を聞きたいと思うんですが、野田さんのグループは、どんなふうにして進んでいくんですか。

私のグループ療法は大きく分けて三つの要素からできています。

第一に瞑想。さまざまな瞑想テクニックを使います。

第二にゲーム。対人関係ゲームなんだけれど、これはそう変わったものではない。ゲシュタルトなどのグループでやるのと、そう変わりはない。ただ、アクセントの置き方が微妙に違いますがね。

――どう違うんですか。

三つぐらいの違いがある。まず、落ちこむようなゲームは絶対にやらない。ある他のセラピストのグループに参加したときのことなんですがね、「人間カメラ」というゲームをやったんです。このゲームは私もよくやるんだけれど、アクセントの置き方がまったく違うので、びっくりしてしまいました。

これは、二人一組になって、一方がカメラ、もう一方がカメラマンになるんです。

カメラは目を閉じていて、カメラマンがそれを連れて歩くんですね。そして、写したいと思う風景があったら、カメラの頭を軽く叩く。シャッターなんです。すると、カメラは一瞬の間だけ目を開けてもいい。これだけのゲームなんです。

そのセラピストは、この説明に加えて、「カメラマンはカメラに、できるだけ多くの体験をさせてあげてください。フィルムは一〇枚だけ入っています」と言ったのね。ゲームが終わって、シェアリングのときにびっくりしたんだけれど、カメラを連れて走ったり、高いところから飛び降りたり、水の中に入ったりした人がいるのね。それをセラピストは、「たくさんの体験をさせてあげたわけですね」と奨励するんです。そういうことをしなかったカメラマンは、暗黙に非難されるわけです。

さらに、「フィルムが一〇枚しかなかったので、撮りたい風景があったんだけれど撮れませんでした」と言う参加者に、セラピストは、「一〇枚入っているとは言いましたが、一〇枚しかないとは言いませんでした。フィルムを入れ換えてもよかったんですよ。人の言うことは正確に聞かなくてはね」と言ったんです。彼には彼の考えがあるんだろうけれど、そういうのは私はいやなんです。

私が人間カメラをやるときには、「思いもよらないところにとても美しいものが隠れています。それを見つけだしてきてください。大切なカメラですから、決して傷つけないように」と言います。目的が違うんです。私は素直なんですよ。参加者を引っかける気はないし、誰一人こわい目に遭わせたくはない。

――一般のグループは、日常感覚を離れて、違った角度からものを眺めさせる目的があるのかしれませんが、今の「ひっかけ」に似たアプローチがよく行なわれているようですね。私も体験しましたが、あまりいい気持ちはしません。

そうでしょう。このように、私のグループでやるゲームの第一の特徴は、とてもソフトなことです。第二に、私のグループでは、言葉はあまり大切にしない。体験を言葉にすることをしないんです。

◆自分を変えないためだけに言葉は使われる

――シェアリングはしないんですか。

あまりしないですね。最低必要なだけしかしない。

――それはなぜですか。

言葉は、自分を変えないためにだけ使われるから。

――前にそうおっしゃいましたね。

第三に、感情を扱うことがほとんどない。

――グループというと、感情を出すことだと私は思っているところがあるのですが。

カタルシスね。カタルシスはほとんど意味がないと思うんです。

――でも、感情を出すとすっきりしますよ。

それは、フロイト流の、「抑圧された感情」という考え方のなごりね。感情を出すと、感情を出す癖がつくだけ。

――すると、私のイメージしているグループとは相当違いますね。

グループ慣れした参加者はびっくりしますよ。

――ロールプレイ（役割演技）もするんですか。

心理劇のグループを除いて、まずやらないな。大変シンプルなゲームしか使わない。例を言ったほうがわかりやすいんだろうけれど、あまりネタはばらしたくないんだな（笑）。まあ、どのグループ・セラピストもやっているようなゲームなんだけれどね。たとえば、ぶらぶら歩きまわって、出会った人と言葉やパントマイムを使わないで挨拶するとか、「木とお話ししてきてください」と言うとかね。

――どんな話をするんですか。

面白いですよ。木は物知りだから。

さて、私のグループでの第一の要素が瞑想、第二の要素がゲームとすると、第三の要素はオープン・カウンセリングです。シェアリングはしないけれど、かわりにオープン・カウンセリングをします。

――では、その場で個人的な問題を相談することもできるんですね。

ええ。一人あたり三〇分から一時間くらいかけますから、充分に相談できますよ。

――やはり、みんなの前でやるわけですか。

オープン・カウンセリングですからね。もっとも、オープン・カウンセリングは、毎回やるとは限らない。私の体調がいいとオープン・カウンセリングをしますが、体調が悪いときは、かわりに講話（ディスコース）をします。そのほうが疲れないからね。グループはものすごく疲れるんですよ。三日間のグループが終わると、二日くらいは寝こんで、一週間くらいは呆然と暮らします。プロがこれではいけないんだけれどね……。グループをはじめたころは、慣れるとこんなに疲れないだろうと思っていたけれど、何年経っても同じですね。体力の勝負なんですよ。

――やはり、それだけのエネルギーを投入しているんでしょうね。

私はものすごくタフなんですがね、それでもくたくたに疲れる。もうずいぶん年寄りになったし、いつまでこんなことがしていられますか。

――何だか心細い話になりました（笑）。

まあ、体力が衰えてくれば、それなりのやり方を開発しますよ。

グループの中ではどんなゲームを使いますか

――グループの中でのゲームのことを、もう少し具体的におうかがいしたいのですが、野田さんのグループでは、参加者が自分のライフスタイル（アドラー心理学で性格のこと）を洞察するようなゲームはしないんですか。

しない。ゲームとしてもしないし、カウンセリングのときにもしない。私はね、人間の明るい部分とつながりあいたいんです。だから、暗い部分を分析してさらけだすよりも、明るい部分を掘り出したいんです。それは、暗い部分を無視しようということではないんですよ。いわば、暗い部分がそのままに明るいのだということを確認したいんです。

――暗い部分が明るい……。よくわかりませんが。

◆自己受容のためのカウンセリング

たとえばね、これはカウンセリングの場合ですが、ある女性が、「私はとても暗い性格なんです」と言ったとしますよね。私なら、この人に向かって、「あなたはいつも他人の気持ちを考えて暮らしておられるんですね。つまり、思いやりが深くて、謙虚で、感受性が豊かで、親切なんですね」というようなことを言います。

これは彼女が「暗い」という言葉で表現したものを、別の、もっと肯定的なニュアンスのある言葉で言いなおしただけなんですがね。でも、そうすることで、彼女は、自分の性格を違ったふうに見るようになる。それまでは消極的な否定的な側面ばかり見ていたのが、同じ性格の積極的な肯定的な側面を見るようになる。そうすると、それを積極的に肯定的に使えるようになる。

はじめ、その人は、自分の性格に「暗い」という見出しをつけているわけです。そうすると、性格のうちで、彼女が使用できるのは「暗い」部分だけになってしまう。彼女は、自分の箪笥《たんす》に「暗い」という見出しのついた引き出ししか持っていなかったんです。そこには「暗い」内容しか入っていない。

ところが、その同じ箪笥に「思いやりが深い」「謙虚」「感受性が豊か」というような見出しのついた引き出しをつけてあげると、まず、引き出しの数が増えて、どれを開けるかを選べるようになる。

もっといいことには、いい見出しのついた引き出しを開けると、中には彼女の美点が入っている。不思議ですね……。いい見出しをつければ、それが本当に見つかるんです。「私は暗い性格だ」と思っているとその証拠ばかり見えるけれど、それを「私は謙虚な性格だ」と思うことにすると、今度はその証拠が続々と見つかってくる。それらの美点は、彼女が本来持っていたんだけれど、彼女には見えていなくて、従って手が届かず使用できなかったものなんです。

私は何一つ新しいものをつくりだしたわけではない。ない袖は振れないので、その人が本来持っていたものしか使えない。カウンセリングであれセラピーであれ、無から有はつくりだせない。その人の中に本来あったんだけれど、その人がまだ気がついていないからアクセスできないものを指摘して、その人がそれを利用できるようにしてあげるだけのことなんです。

——答えは自分の中にすでにある。

ええ、誰でも答えをすでに持っているんだけれど、ただ知らない。暗い否定的な側は知っているんだけれど、明るい肯定的な側を知らない。暗い部分と明るい部分とは、欠点と長所とは、実は同じものなんです。違うものではない。ただ名前が違うんです。同じものでも違う名前をつければ違う使い方が発見できる。

——我々は、かなり一方的に見すぎるんですね。

クライエントが自己受容できるようにしてあげるためには、ときには、このような操作が必要になることがあります。このようにして自己受容すれば、自分を違った方法で使うことができるようになるので、人生がすべて変わってくる。ただ自分のことが好きになるだけで、半分以上の問題は解決する。それも、自己満足的に主観の中でだけ解決するのではなくて、行動が変わって実際に問題が解決できるようになる。

◆グループでの自己受容

——個人カウンセリングで自己受容させる場合のことはわかりましたが、グループ全体をまとめて自己受容させることもできますか。

たとえばこんなゲームがあります。二人でペアになってもらって、一人は聞き手、もう一人は話し手になります。

最初に聞き手は話し手に、「あなたの性格で、嫌いなところやいやなところを、洗いざらいすべて教えてください」と言います。話し手は、次々と、思いつくままに告白していきます。聞き手はただ黙って聞きます。もし話し手が黙ってしまったら、聞き手は、「あなたの性格で、嫌いなところやいやなところは、もっとあるはずです。洗いざらい教えてください」と言います。こうして一〇分ほど同じことを続けます。

次に第二段階として、聞き手と話し手とが交代して同じことをします。

第三段階は、また聞き手と話し手とが交代して、聞き手は今度は、「あなたの性格で好きなところや素敵だと思うところを、洗いざらいすべて教えてください」と言います。以下同様にして、一〇分ほどこれを続け、聞き手と話し手とが交代してまた一〇分ほど続けて、それで終わりです。ここで何を発見できると思いますか。自分の長所は、実は欠点と同じものの裏側であること。

——そのことがわかると、すごいことが起きますね。

このゲームには、いくつかのバリエーションがあります。たとえば、聞き手が話し手に、「あなたの性格で、嫌いなところやいやなところを、一つだけ教えてください」と聞きます。今度は、「洗いざらい」ではなくて「一つだけ」ね。

そして話し手が一つ言うと、たとえば「私は気が短い」と言うと、聞き手はそれを否定して、たとえば「いいえ、あなたは気が短くありません。それどころかとても気が長いほうです」と言います。そこで話し手は、「そうです、私は本当はとても気が長い。その証拠には……」と、自分で具体的な例をあげて証明しなければなりません。つまり、話し手の元々の信念と反対の事実を探さなければならないんです。これがまあ、簡単に見つかるんですね（笑）。

「気が短い」と言っていた人が、実は気の長い側面も豊富に持っていたことに自分で気がつく。それまでは気がつかなかったから使えなかったけれど、気がつけば積極的に使えるようになる。

――面白そうですね。

大笑いになりますよ。めそめそしたセラピーはいやなんだ。笑いながら変わっていくのが一番いい。とにかく、人間の明るい側とつきあいたい。人間の明るい部分と連帯したい。

フロイト以来、我々はあまりにも人間の暗い側にばかり注目しすぎた。それでは問題は解決しない。人間は、もっともっとちゃんとやっていける。反省さえしなければ。

——反省すればですか、反省しなければですか。

しなければ。昨日ではなくて今日を見れば。

——昨日ではなくて明日をではなくて、今日をですか。

昨日はもうない。明日はまだない。あるのは今日だけ。今この瞬間だけ。

どうやって悩みを解決するのですか

——カウンセリングでの自己受容の話が出たついでに、ここでカウンセリングのやり方について、話していただけますか。

はいはい。

——カウンセリングというと、当然悩みの相談ということになるんですが。

あのね、人間には本当は悩みなんかないんですよ。

——はあ?

悩むと便利だから悩んでいるにすぎない。自分の目的を達成するために悩みを使っているんです。

たとえば、非行少年の母親はひどく悩んでいるわけですが、あれには目的がある。

その目的が何であるかを知るためには、仮に悩んでいなかったら何が起こるかを考えてみるとよくわかる。子どもが非行化しているのに、母親がにこにこして幸せそうで、きれいに着飾って繁華街へ買物にでも出かけるとすると、どんなことが起こると思いますか。近所の奥さんが何か言うでしょうね。「坊っちゃんがあんなになっているのに、よくまああんなににこにこしていられるわね。母親があんなだから、あんな子どもができるのね」と。

ところが、髪の毛を振り乱して悩んでいると、近所の奥さんは何と言いますか。「奥様も大変ねえ。そんなに悩んでらっしゃるのに、坊っちゃんは全然わかってくださらないのね。親の心子知らずって本当ね」って。問題児の親が悩む第一の目的は、自分の顔を立てること。

――なるほど、確かにそういう面はあるでしょうね。

非行化している子ども自身が悩むのなら、まだいくらか理解できる。でも、その親が悩むのは理解できない。だって、少年院に行くのは子どもであって親ではないでしょう。

――それはそうですが、でも、世間体が悪いでしょう。

それぞれ、それを言っているんですよ。いったい誰の世間体か。親の世間体でしょう。子どもを救済することよりも、自分の世間体のほうが大事なんだ。悩んでいたって、子どもは救済されませんよ。悩んでいる親と一緒に暮らすのは、子どもにとっていやな体験でしょうね。

問題児に「君のことでお父さんやお母さんが悩んでくれるほうがいいか、それとも君のことは放っておいて幸せに暮らしてくれるほうがいいか」って尋ねると、必ず「悩まないでいてくれるほうがいい」って言いますよ。でも親は悩み続ける。それは、悩まないと自分の社会的な立場が悪くなるから。つまり、悩んでいる親は、子どものことよりも、自分のことのほうが大切なんだ。だから、悩んでいる親は、とてもうまく変装しているけれど、ものすごいエゴイストなんですよ。

◆親が悩んでも子どもは変わらない

――でも、親が悩むのは、子どもを何とか助けようとしてでしょう。

子どもを自分好みにつくりかえることによってね（笑）。

親は自分の好みに反する行動をする子どもを、悩みを使って改造しようとしている。親の支配性なんですね。これが悩みの第二の目的。「あなたが今やっていることは、私の好みに合わない」というサインとして悩みを使っているんです。

でも、この方法では子どもは変わらないんだ。問題児の母親に「今まであなたはずいぶん悩んでこられましたが、その結果、息子さんはどんどんよくなりましたか、それともかえって悪くなりましたか」と尋ねると、まず全員が、「かえって悪くなりました」と言います。そこで、「では、今後ともあなたが悩み続けると、息子さんはよくなると思いますか、それともますます悪くなると思いますか」と尋ねます。

——はは……そう言われると、ぐうの音も出ない。

問題児の親は、ありのままの子どもを受け入れないで、自分の理想の子どものほうを愛している。そして、自分の理想をかなえてくれない子どもを、悩むことでもって罰している。「私が不幸なのはあなたのせいよ」というわけです。こういう親と一緒に暮らす子どもは、意地でも問題行動をやめないでしょうね。

——親が悩むことは、子どもの問題行動を助長していることになるんですね。

さて、悩みの第三の目的は、仕事をしている気になることです。たとえば、私があなたと正午にどこかで待ち合わせをしたとしましょうか。電車に乗って待ち合わせ場所に行こうとしたところが、ホームに着いたら電車が出たところで、次の電車まで二〇分もある。次の電車に乗ると待ち合わせには遅刻してしまう。外で待ち合わせをしているので、連絡のとりようもない。さてどうすればいいか。

——悩むでしょうね。

ホームで二〇分間悩み、電車の中でも悩み続け、あなたに会うころにはすっかり胃が痛くなっている（笑）。

でも、ちょっと考えてみてください。悩んでいようがいなかろうが、二〇分しないと次の電車は来ないし、二〇分遅れてしか目的地に着かない。としたら、悩むのは馬鹿げている。ホームで二〇分間ゆっくり休憩して、電車の中では途中の風景を楽しんだって、電車は同じ時間に目的地に着く。そうでしょう。

——ははは……。

そうやって楽しんで旅をしてから、あなたに会う寸前に悩んだ顔をつくればいいんだ（笑）。

それなのに、普通こういう状況では人間は悩む。それはなぜか。悩んでいると、仕事をしている気になるから。「私は何もしていないわけではない。こんなに苦労しているんだ」というわけです。

——大変なんだよ、私も。認めてちょうだいと。

こうして、悩みをつくりだすものは、悩んでいる人自身のエゴイズムでありファシズムであり幻想なのです。悩んでいるほうが周囲の社会からの受けがいいし、すべての責任を自分以外の人に押しつけることができるし、さらには他人に復讐する快感さえ味わえるし、また自分を許すことができるのです。つまり、「悪いあなた、かわいそうな私」と言えるのです。

——辛辣な見方だけれど、当たっているように思いますね。

「悪いあなた、かわいそうな私」と言っている限り、問題は解決できない。「**私にできることはいったい何だろう**」と問いはじめて、はじめて前へ進める。

――問題を主体的に引き受けるということですね。

そうです。

アドラー・カウンセリングの一般的なやり方とは

――そのようなことを具体的にはクライエントにどう言って伝えるんですか。

◆第一段階　それは誰の問題か

カウンセリングの具体的手続きとしては、まず「誰の問題か」を問う。これを「**課題の分離**」と呼んでいます。「息子さんが不登校になると、お母さんが卒業できなくなりますか」とか、「娘さんが不純異性交友とやらをすると、お母さんが妊娠なさいますか」とか問いかける（笑）。

これらは子どもの問題であって親の問題ではない。だって、子どもの行為の結果は子どもの身にだけ降りかかるんだから。

――確かに。ただ、親は、悩むという仕事をせずにいられない面がありましょうけど……。

問題児のカウンセリング以外の場合でも同じことです。

ケース 「攻撃的」な女性

ある女性なんですが、「私、男性に対して攻撃的なんです」って言うんです。

「誰がそう言ったんですか」

「前のカウンセラーが言いました」

「そのカウンセラーは男性ですか」

「はい」

「男性に対して攻撃的だというのは誰の問題ですか」

「もちろん私の問題です」

「いいえ、違います。それはカウンセラーの問題です。彼はあなたを見て攻撃的だと感じたんです。それは彼の感じ方であって彼の問題です。ところであなたの問題は何ですか」

「はあ？」

「あなたの問題は、人からの評価でもって自分の価値をはかることではありませんか」

――はは、気持ちいい……。問題がクリアになると、聞いていて快感ですね。

人からどう評価されるかで自分の価値をはかるのは馬鹿げています。だって、「お前は馬鹿だ」と誰かに言われたとしましょう。言われた途端に、それまで利口だったのが突然馬鹿になることはないだろうし、それまでも馬鹿だったのなら同じように馬鹿でいるだけだ(笑)。人から何か言われた途端に、カメレオンみたいに言われたように変身するんだったら困りますわね。

——それはわかってはいるんだけれど、人の言うことはやはり気になりますね。

本当にはわかっちゃいないということなんですよ……。

ケース　夫に不満な妻

さて、こうして誰の問題かを分離すると、はじめて本当の問題が明らかになってくる。もっとも、本当の問題なんか、実は存在しない場合もよくあるんです。これも女性なんですが、ご主人の不満なんですね。「主人は冷たいんです。車に乗せてもらっているときに、私が気持ちが悪くなって、『気持ちが悪い』と言っても、『ここは駐停車禁止だから』とか、『ここは交通量が多いから』と言って停めてくれないんです。子どもたちが気持ちが悪くなってもそうなんです」と訴える。

そこで、「で、あなたはどうするんですか」と尋ねたんです。すると、「だから私、自分で免許をとって主人の車には乗らないようにしているんです」と言う。「じゃあ、問題はなくなったわけだ」と私は言いました。彼女はきょとんとしているんです。

その奥さんは、「まあ、おかわいそうにね。ひどいご主人で、あなたも苦労なさいますね」とでも言ってほしかったんだろうけれど、そうはいかない。「悪い主人、かわいそうな私」の片棒を担ぐ気はありません。ご主人を改造する相談に乗る気はないんです。「そのようなご主人と仲よく暮らすために、あなたにできることは何でしょうか」ということしか話題にしたくないんです。

――ご主人を変えないで、奥さん自身が変わる以外に問題解決の道はない、と。

そうです。人が変えられるのは自分自身だけなんだから。誰の問題かを分離するということは、「悪いあなた、かわいそうな私」をやめて、「私にできることは何か」を問いはじめるということなんです。空中から鳩を取り出す手品みたいに、何もないところから次々と問題を取り出すのをやめてもらう(笑)。

◆第二段階　結末を予測する

次にすることは、今までやっていたことを続けるとどうなるかを検討することです。これを「結末の予測」と言っています。

ケース　非行少年

これはグループの中でのカウンセリングではないんですが、印象的な例なので……。ある非行少年の話なんですが、両親は大変厳しいしつけをしていて、子どもはもう高校生になるんですが、八時が門限なんですね。

――男の子ですか。

ええ、男の子。さて、彼はしばしば門限破りをするんです。そうすると両親は、玄関に鍵をかけて家へ入れない。そこで彼は外をぶらぶらしていて、そこでよくないことをするんです。具体的に言うと、洗濯物泥棒をするんです。そして、どこかへ外泊をすることになります。外泊から帰ると、両親は彼を厳しく罰します。そこで彼はさらに外泊を重ねることになる。

――悪循環ですね。

そこで、両親に尋ねたんです。「そうしていると、いつか彼が早く帰ってくるようになると思われますか」って。帰ってくるわけないわね（笑）。両親も一応それは認めたんです。「でも」と彼らは言います。「でも、高校生が夜遅くまで遊んでいるのはいけないことですわ」って。

私、「それはそうかもしれません。でも、そう言っていると、結局どうなると思いますか」。何が正しいか何が間違っているかではなくて、何をすればみんなが仲よく暮らせるかが問題なんだと思うんです。

◆第三段階　代替案を考える

結局、門限は一応あるんだけれど、もしそれに間に合わないときには電話を入れること、電話があれば親は文句を言わずに了承すること、さらに、外泊したいときにも電話を入れて帰宅時間を言うこと、親はこれも事務的に応対して了承すること、というような取り決めをしたんです。これでほぼ一件落着。

――外泊はなくなったんですか。

はい。

――門限があるうちは外泊して、門限が事実上なくなると門限破りがなくなったわけですね。パラドクシカルですが、そんなものなんでしょうね。双方ともむきになっていたんですね。

外泊がなくなるのに伴って、下着盗もなくなった……。さて、彼はなぜ下着盗をしたのか。この両親は、性的なタブーに関して極端に厳格なんです。テレビでキス・シーンでも出てこようものなら、飛んでいってチャンネルを変えてしまう。このような両親に復讐するには、性的な非行をするのが一番効果的でしょう。

――両親は彼が下着泥棒をするのを知っているんですか。

ええ。母親はいつも彼の部屋を掃除していたんですが、そのとき彼の机の引き出しの中に女性の下着が隠してあるのを見つけたんです。息子の机の引き出しの中を覗くなんて、いい趣味ではないと思うんだけれどね……。その上、母親は、彼が隠している下着を黙って処分していたんです。だから、彼のほうも、親にばれているのは知っている。たぶん、親が彼の引き出しを絶えず点検することを彼は前から知っていたので、引き出しの中に盗んだ下着を隠した時点ですでに、母親がそれを発見することを予想していたんだろう。

——一種のなれ合いと言うか……。

ゲームですね。だから、両親が彼に対して強圧的であることをやめたとき、彼のほうも反抗することをやめた。下着盗は権力闘争の道具に使われていたんです。だから、親子間の権力闘争がなくなったとき、下着盗も御用ずみになってなくなった。

——なるほどね。そのことは彼や両親に解釈してあげたんですか。

いいえ。そんな必要はないもの……。門限や外泊というような具体的な行動について予測される結末の話をし、よりよい「代替案」を考えただけです。現在の行動の結末を考えて、今までのやり方がまずいとわかったら、「代替案」として別のやり方を工夫し実行する。これが我々のカウンセリングの基本的な構造です。

特殊なカウンセリング技法とは

――心の内面には、あまり深く立ち入らないというわけですね。

そうでもないのではないかな。今まであげた例がたまたまそうだったので、グループの中でのカウンセリングでは、心の中のことを扱うこともよくありますよ。そのときでも、原則は同じことです。

ケース 上司とうまくいかない女性

ある中年の女性なんですが、「上司の女性とうまくいかない」ということでカウンセリングに出てきたんです。話を聞いていくうちに、母親との関係に問題があることがわかった。それも、現在の母親との関係ではなくて、子ども時代のことにこだわっていることがわかった。

彼女の父親は彼女が小学校五年生のときに亡くなったんですが、三年後の中学二年生のときに、彼女の母親は再婚を決意したんです。ある日、母親は彼女を呼んで、「お母さんは再婚しようと思うの。親戚の了解はとりました。あとはあなたの了解だけよ」と言ったんですって。彼女は、内心とてもいやだったんだけれど、その場では黙っていて、あとでそっと仏壇の父親の写真のところに行って、「お父さんがかわいそう」と一人で泣いたそうです。

――ええ。

私は、このやり方は子どもっぽいと思う。それで、彼女に言ったんです。

「そのときあなたは、お母さんに何も言わなかったの？」

「はい」

「黙っていただけですか」

「はい」

「そうして黙っているだけだと、あなたの思いはお母さんに伝わると思いますか」

これは**「結末の予測」**の技法です。

彼女、「いいえ」

「これからもそうして、言いたいことがあっても黙っていますか。それともあなたの言いたいことを相手に向かって言ってみますか」

これは**「代替案」**の提示です。

彼女は「言ってみます」。

「では、今ここにお母さんがおられるとして、お母さんに向かってお話ししてください」

彼女はしばらく戸惑っていたんだけれど、やがて、「お母さん、やめて。お父さんがかわいそうじゃないの……」と、興奮して叫びだしてしまった。

――カタルシスを起こしているように見えますが。

ここまでは、ゲシュタルト派の人なんかもほぼ同じようにしますよね。でも、ここからが違うの。

私は「そうやって叫びながら言うほうがうまく伝わると思いますか、それとも冷静に言うほうがうまく伝わると思いますか」と、もう一度「結末の予測」と「代替案」を問いなおしました。彼女はあっという間に冷静になって、「お母さん、再婚するのはやめてください」と冷静に言ったんです。

そこで私は、「子どもとしてのあなたがお母さんの再婚に反対だったのはわかります。しかし、今大人として、お母さんの気持ちがわかりますか」と尋ねました。

彼女は「ええ、わかります」。

「気持ちはわかるけれど、それでもなお、お母さんが再婚なさることには抵抗がありますか」

「正直言って今でも抵抗があります」

そこで私は、「では、そのように言ってください。たとえば、『お母さん、お母さんが再婚するのはあなたの自由です。でも私はいやです。私はいやだけれど、お母さんが再婚したいなら仕方がない』と言うように」と言いました。

彼女は、とても冷静に、「お母さん、お母さんが再婚することに反対する気はありません。でも、私はいやなの。私がいやがることを許してください」と言いました。私は「あなたは自分の意見を言ってよいのです。けれど、相手を支配することはできない。相手を支配するのでなければ、あなたの意見を言うことは自由です」と言いました。これで、このカウンセリングはおしまい。

――とってもクールな印象を受けました。

グループが終わったあとで、手紙でその後の経過を知らせてくれたんですが、それによると、とてもうまくいっているみたいですよ。それまでは職場の会議などでもほとんど発言することがなかったのに、かなり積極的に発言するようになったし、上司も、「以前は何を考えているのかわからない人だったけれど、このごろは意見を言ってくれるので考えていることがよくわかるようになった」と評価してくれているようだし……。何度か紹介しているけれど、私はこういうタイプの治療もします。

◆カタルシスより「代替案」が治療的

――ここでもカタルシスとしての効果は狙っていないんですね。

そうです。カタルシスが治療的だとは思わない。治療的ファクターは、結局は「代替案」だと思う。他の技法は、よい代替案を引き出すための下ごしらえみたいなものです。今までのパターンから抜け出して、オルタナティブ・ウェイに鞍替えしないと解決しない。その途中経過として、感情が爆発してしまうこともある。

——そこだけ見ているとカタルシス効果を狙っているようにみえるわけですね。

さて、「結末の予測」の一種なんだけれど、今までやっていた行動の結末ではなくて、今までやったことがない行動の結末を予測させることもあります。これは、不安が強いときにやるんです。

ケース　学校をやめたい高校生

ある女子高校生なんですが、学校をやめたいんです。ところがそれを親に言えない。「こわくてとても言いだせない」と言います。そこで私は、「親に言うと何が起こると思う？」と尋ねたんです。

彼女は「叱られる」。

「叱られると何が起こると思う？」

「殴られる」

「殴られると何が起こると思う？」

「家を追い出される」

「家を追い出されると何が起こると思う？」

「……わからない」

「たとえ家を追い出されても、何とか生きていけるんじゃないか」

「そうね。そうだわ」

ここまでが「結末の予測」です。

私は「最悪の場合でも殺されることもないだろう。家を追い出されるくらいのことだろう。ところで、家を追い出されてでも学校をやめたい？」。

「……やめたい」

これでこの問題はようやく彼女のものになった。彼女は自分の責任で自分の人生を選んだわけですから。それまでの彼女は、学校をやめるという彼女の要求は通して、しかも親から罰を受けるという責任はとらないでおこうとしていた。今、彼女は、自分の行動の全責任、少なくとも彼女に引き受けられる限りの責任を引き受けようと決心した。

――それでどうなりました。

そこで、「どうやって親と話をするかを工夫しよう」と言ったんです。彼女は今や、どなられることも殴られることも追い出されることも覚悟しているから、とても冷静でいられる。私といくらかの予行演習をして、カウンセリングは終わり。家へ帰ってから、彼女は一人で親に話して、結局、円満（？）退学できました。

――開き直らせたわけですね。

まあ、そういうことですね。我々は、さまざまなおそれや不安を抱いて暮らしているけれど、よくよく考えると、そんなにおそろしいことは起こらないんだ。最悪の場合でも死ぬだけですからね。

――でも、死ぬのはこわい。

◆クレイジーな代替案

それはさておき、ときどきとんでもない「代替案」を提案することがあります。

ケース　人前で食事ができない学生

ある男子大学生ですが、彼の悩みは、「人前で食事ができない」ということです。友人などと一緒に食事をしようとすると、吐き気がするんですって。学生食堂などで食べられないし、コンパにも参加できない。そこで私は言ったんです。「そんなの簡単だ。トイレへ行って吐けばいい」

彼は「何度もトイレに行かなければならないから、変に思われます」。

「簡単だ。本当のことを言えばいい」

「そんなことできません。そんなことを言ったら変に思われてしまう」

「君は友達から好かれたいんだね」

「はい」

さて、ここからが変なんです。

私は「じゃあ、こう言ってトイレに立ってください。『まあ、妊娠しちゃったみたい。ひどいつわりだわ』。うんと女性的にね。きっと受けるよ」。

彼は「そんなことできません。もっと他のまともなやり方はないんですか」。こんな助言には当然抵抗しますよね。そこで、「ごめんなさいね。私はこれしか思いつかないんです。この方法を実行してもらえないんだったら、治療は終わりですね。では、さようなら」。

——ひどいな。

まったく(笑)。彼はしばらく考えましてね、「じゃあ、やってみます」と言う。そこで女形の練習を少ししまして、それで終わり。

そのままグループは終わって、その後音沙汰がなくて、「どうしているのかな、さては、あまりにひどい助言をしたので、あきれて見捨てられてしまったのかな」と思っていたら、何か月かして手紙が来たんです。「あれから症状がまったく起こりません。不思議でなりません。先生はいったい何をしたんですか」って。残念なことに、彼は彼の赤ちゃんを友達に祝福してもらうチャンスに恵まれなかったわけです

（笑）。

――野田さんの治療は、いつも面白いし、深刻にならなくていいなと思うけれど、この例など相当トリッキーですね。

クレイジーですね。治療者は、患者さんよりもほんの少しだけ余計にクレイジーであるのがいい（笑）。

――少しじゃないですよ（笑）。

◆ユーモラスな治療

ユーモアは、事態から深刻さを抜き取って、問題解決に対する構えを気楽にしてくれる。人間は深刻でないときにだけ、自分の問題を解決できる。もっとひどい方法として、神経症症状そのものを代替案として提案することもあります。

ケース　対人恐怖症の女性

ある若い女性ですが、対人恐怖症だと言うんです。つまり、「人前で顔がこわばるので、人前に出るのがいやだ」と言う。今までさまざまな治療を受けたけれど治らない。五分ほど話を聞いてから、私は、「対人恐怖症を治すことは、まったく簡単です。でも、私はそうしたくない。対人恐怖症というような素敵な症状を取り去るなんて、そんなむごいことは私にはできません」と言ったんです。

——どういうことですか。

彼女もまさにそう言いました。「あなたはまだ気がついていないだろうが、対人恐怖症はあなたを助けてくれています。もしもそれがなくなったら、あなたの人生はとてもみじめなものになってしまうでしょう」と私は言いました。

彼女は、「そんなことはありません。この症状さえなければ、私はどんなに幸せになれることか」と言います。

私は、「いいえ、対人恐怖症がなくなると、あなたはきっと不幸になります。今は、白黒の古ぼけた映画を見ながら、『本当の人生はこんなのじゃないわ。総天然色七〇ミリ大スペクタクルのはずよ』と言っていられる。でも、対人恐怖症がなくなって、本当の人生が見えてしまうと、それはね、古ぼけた白黒映画なんですよ。総天然色七〇ミリ大スペクタクルなんかどこにもなかったことがわかるだけだ。だから、悪いことは言わないから、症状を持ったままでお暮らしなさい」。

彼女は、「それは困ります。先生が、私の最後の頼みの綱なんです」。

「いいえ、最後から二人目です。私がだめなら、あなたはきっと次のカウンセラーを探しに出かけますよ。そうでしょう」

「それはそうですが……」(笑)。

「だから、次のカウンセラーを探しに出かけるか、あるいは私から、対人恐怖症を最大限に活用して幸せに暮らす方法を学ぶかを、決心してください」

「でも、どうしても先生のおっしゃることは納得できません。先生は、対人恐怖症を治すのは簡単だとおっしゃる。だったら、どうか治してください」

「困ったな。では、こうしましょう。グループはあと二日あります。今日のところはこのまま引き下がって、対人恐怖症であるためにあなたがどんな得をしているかを考えてみてください。それをしてみて、なお対人恐怖症にバイバイをしようとお考えになるのなら、明日か明後日、もう一度カウンセリングに出ていらっしゃい。対人恐怖症を治してしまってから、『前のほうがよかったから、もう一度対人恐怖症に戻してくれ』と言われても困りますのでね。そっちのほうは、とても難しいんですよ」

――何という治療だ。

まったく（笑）。

さて、彼女は二度目のカウンセリングには出てきませんでした。けれど、三日目にグループが解散したときには、もう症状はほとんどなかった（笑）。

◆必要なのはオルタナティブ・ウェイ

――どういうことから、そうなるんでしょうね。

症状を嫌うから、症状にいやがらせをされるんです。症状と仲よくつきあおうと決心すれば、問題はなくなる。「対人恐怖症でどんな得をしているか」という宿題ですが、彼女はずいぶんたくさんのメリットを見つけだしたようですよ。症状が無意識的な必然であることを、きっと彼女は発見したんでしょうね。そして、それを受け入れもしたわけです。

――森田療法とか仏教セラピーで「あるがままを受け入れよ」というのも同じことですね。

そう言うと上品に聞こえますね(笑)。私は、そういうお説教をしないで、「ふと気がついたら受け入れてしまっていた」というようなセッティングをつくりだすのが好きなんです。

――そのようですね。

ええ、退屈しないから。カウンセリングって退屈なんです(笑)。同じような問題に対して同じようなことばかり言わなければならないから。けれど、こういういたずらを考えながらカウンセリングをしていると、退屈しないでしょう。

――それだけですか理由は。

いきなり本音を言っては、まずかったかな（笑）。もう少しお利口に言うと、治療抵抗を予防するためです。

アドラー心理学の治療技法は助言をする積極的な方法なんですね。積極的なカウンセリングは、ただ聞いてあげるだけの方法とは違って、治療に対する抵抗を受けやすいんです。治療者と患者との権力闘争に陥りやすいんです。ユーモラスな方法やパラドクシカルな方法を使えば、治療抵抗が起こる前に回避できる。ある意味では、クライエントをだましてしまうのね。合気道テクニックで、正面衝突を避けて、相手の勢いで相手を倒すんです。

――そこがセラピストの腕の見せどころ。

問題の原因を洞察させて……というような不細工な治療は嫌いなんです。厳しく反省みじめな明日《あした》（笑）。

我々が知るべきは、我々がどんなに間違っていたかではなくて、どうすればいいのかです。つまり、代替案です。オルタナティブ・ウェイです。過去や現状を洞察しても仕方がない。そんなことはすっとばして、いきなり、よりよい生き方を学んだほうが早い。自分の中に問題点を探せば、いつまで経っても無限に見つかりますよ。雑草を根絶やしにしようとしても無駄なんだ。

そうではなくて、**まずでっかい花を咲かせてしまえばいい。そうすれば雑草は気**

になら なくなるから。

Q 4. 感情はどうすれば処理できますか

——カタルシスは重視しないということでしたが、野田さんが感情を扱われるやり方が、もう一つはっきりと理解できないので、感情の扱い方についてまとまったお話をいただきたいんです。まず、未処理の感情を吐き出すというようなことについてはどう思われますか。

ナンセンス。たとえばね、ゲシュタルトの人なんかは、やたらに感情を出させますよね。アメリカのアドレリアンの友達が面白いことを言っていたの。「ゲシュタルトの言う感情（フィーリング）っていうのは、胃や腸の話じゃないか」って。そんな感じがありますよね。「吐け吐け」って（笑）。

——多くのグループ・セラピーでは感情の吐露が基本的な要素になっているように思うんですが。

まず、**感情は行動の原因ではない**、ということを徹底的に理解しておかなければならない。

感情は対人関係の中で、相手を操作する道具として、ライフスタイルによって無意識的につくりだされ使われるにすぎない。たとえば、怒りがあるとして、その怒りがあるために、どうしようもなく相手を罵《ののし》ってしまうとか暴力をふるってしまうというようなことは嘘だと思う。あれは相手を罵ったり暴力をふるったりするための口実に怒りを使っているにすぎない。

——酒を飲んで酔ったふりをしてエッチなことをするのと同じですね（笑）。

そうそう。だから、「感情を抑圧するな。吐き出せ」というような治療は、感情を問題解決に使う練習をさせているようなもので、反治療的だ。「エッチなことをしたくなったら、酒を飲んで酔ったふりをしなさい」と教えているようなものですからね（笑）。そんな治療は、最善の場合でも何も起こらないし、最悪の場合にはやたらに感情的で攻撃的な人間をつくるだけだ。

——確かにわあわあと感情的になるだけで、それ以外は何もなかった、いったいあれは何だったんだろう、というようなグループ・セッションもあるようですね。

誰ですか、そんなグループをやっているのは（笑）。

——知りません。あ、これは野田さんのお株でしたっけ（笑）。

感情は抑圧されたりしない。だから、吐き出しても何もいいことはない。

◆感情は必要に応じてインスタントにつくりだされる

――「抑圧された感情」というのは嘘ですか。

たとえばね、子どもをがみがみ叱っているお母さんがいたとする。心の中は怒りでいっぱいね。そのときに電話がかかってきてね、「はい、野田でございます。いつもお世話になっております」なんて言うとするでしょう。そのときには怒りはないんです。

さて、電話が終わって、また子どもの顔を見ると、怒りでいっぱいになる(笑)。電話の最中には怒りはどこへいってしまったんだろう。抑圧されたって言う人がいるかもしれないが、私は信じない。感情は、必要に応じて、お湯をかけたら、三分もかからないな、三秒でつくりだされてしまうんだ(笑)。決して心の中にわだかまってたまっているというようなものではない。そのつどつくりだされるんです。

だから、治療の場において感情を出させるということには、あまり意味がない。心の中にたまっていると考えるから、たまに掃除をして捨てるのがいいだろうと考えてしまうんだけれど、たまってないんだから、掃除をすることはない。

――でも、怒りがたまっているような気がするときがありますがね。

それはね、怒りがたまっているのではなくて、ライフスタイルの構造上の問題なんです。怒りを使って対人関係上の問題を解決する習慣を持っている人が、怒りを使うことができない状況におかれると、怒りを感じるんだけれど表現できないんですよね。そういう状態を言っている。

怒り以外の方法で対人関係上の問題を解決することを学べば、ライフスタイルが変わって、怒りは消えてなくなる。怒りを出させても何も変わらない。同じライフスタイルが存続するんだから……。怒りにかわるものを学んでもらわないといけない。

——では、感情を吐き出させることは、まったくしないんですね。

いや、ときどきはします（笑）。

——またはぐらかされてしまいました。それも野田さんの方法論ですか。

ケース　男性の前で緊張する女性

ごめんなさいね。あのね、目的が違うんです。ある若い女性なんですが、男性の前に出ると緊張すると言うんです。話を聞くと、父親との関係に問題があるようなんです。彼女が子どものころ、父親が暴力的で、よく母親を殴っていた。それで父親が嫌いになって、今もいっさい口をきかないんですって。その話をしているうちに、だんだん感情的になってきましてね。「お父さんに何かおっしゃい」と言ったら、わあわあ泣き出して、「お父さんには何も言えない。お父さんがこわい」と叫ぶんです。

――ゲシュタルトのセッションみたいですよ。

見かけはね。でも、ここからが違うんです。

「あなた、今までのようにお父さんに何も言わないで暮らしますか。そうすると何も変わりませんよ。それとも、あなたが考えていることをお父さんに言ってみますか」って尋ねたんです。

そうしたら、「お父さん、お母さんをいじめるのはやめて！」って叫びだしたんです。

「それは子どもとしての言い方ですね。あなたは今はもう大人なんだから、大人としてお父さんに話しかけられると思いますよ」って言ったんです。すると、だんだん冷静になってきて、「お父さん、やめてください」と落ち着いて言えるようになったんです。

そこで、「どうしますか。今までどおりお父さんと話をしないで暮らしますか。そうすると、今までと同じことが続きます。それとも、家へ帰ったら、今までとは違ったことをしてみますか。そうすれば、何かが変わってくるかもしれない」と言ったんです。

結局、彼女は、合宿グループの帰りに、お父さんにおみやげを買って帰って、黙って渡したんです。それがきっかけになって親子が和解した。そのあと彼女にはボーイ・フレンドができた。

――はじめはわあわあがあったけれど、結果的にはずいぶん理性的な治療になったということですね。

◆感情の混乱へ理性で分け入っていく

感情は、問題解決のために、ある目的を持ってつくりだされ使われる。ところが、それは幼児的な問題解決で、感情を使って達成しようとしていた目的は、もっと理性的な手段を使ってでも達成できる。そのことを体験的に教育するために、一度感情的になってもらうわけです。

――頭ではなくて体でそのことがわかるために、一度感情的になる必要があるんですね。

上手におっしゃいますね。感情的に混乱しているときには、そのことをおそれないで、智慧のともしびをかかげて混乱の中に入っていくと、よりよい道が見つかるんです。感情的な混乱から逃げてはいけない。逃げていると、道は決して見つからない。

一方、感情的に混乱しただけでも、何も解決しない。感情的な混乱が起こるところには、成長への入口が開いているんです。そこへ入っていかなければならないが、別の口から出てこないといけない。

ややフロイト的な用語だけれど、感情的になる部分には固着があるんです。その部分のライフスタイルが子どもっぽいままで成長が止まっている。そこを、より大人らしいものの見方と行動の仕方で入れ換えてあげる。より成熟した代替案を身につけてもらう。そうすると大人になる。

――父親が母親を殴っているのを見たときに、彼女の成長が止まってしまったと。

象徴的な言い方をすればね。ただし、それはあくまで象徴的な言い方だと思うんです。ある局面では、彼女は「逃げるか攻撃するか」という二者択一的な認知行動パターンしか持っていなかった。その一例が父親の暴力に関する場面なんです。そのときにそのライフスタイルができたのではないかもしれない。ライフスタイルは、その出来事とは関係なく存在して、そのライフスタイルが働いている場面の典型として、父親の暴力が思いだされただけのことかもしれない。それはどちらでもいいことなんです。

だから、父親が母親を殴っているのを見たのがきっかけで、彼女がそうなったというふうには考えない。このあたりがアドラー心理学のアドラー心理学らしいところなんです。

——核心を話してらっしゃると思うんですが、その分、もう一つまだよくわからないんです。

何も父親のことを扱わなくても、彼女が同じパターンに陥る他の場面を扱ってでも治療はできるということです。

たとえば彼女が「昨日、同僚が上司に叱られているのを見て、『何もあんな言い方をしなくてもいいのに』と、すごく腹が立った」とでも言えば、その場面を使って、まったく同じように治療ができるし、それによって父親との関係も改善する。父子関係を改善すれば対男性関係一般は改善するし、逆に男性関係一般を改善すれば父子関係は改善する。どちらからとりかかってもいいんです。どちらが原因でどちらが結果だということはない。

あえて原因を言うならば、ライフスタイルのあり方が原因なんです。父親との関係が悪いのも、男性一般との関係が悪いのも、一つの幹からの二つの枝、同じ一つのライフスタイルの二つの違った表現型なんです。どちらが原因でもないしどちらが結果でもない。

——そのライフスタイルは父親との関係でできてきたのではないんですか。

そうかもしれないし、そうでないかもしれない。今となってはどちらでもいいんです。

小学校の先生の教え方がまずかったので分数の計算ができない中学生がいたとしましょう。この子に分数の計算の仕方を教えるのに、小学校時代の先生を連れてくる必要はない。今教えれば、それでいいでしょう。

それと同じように、仮に父親との関係でライフスタイルに問題ができたとしても、それを改善するために父親を引っ張り出す必要はない。ライフスタイルがどのようにしてできたかは、治療上どうでもいいことなのです。

——今どうするかだけが問題なんですね。

◆過去の原因は一般に治療に無関係

過去の原因は、一般に治療につながらない。肺癌の治療をするときに、その肺癌がタバコの吸いすぎでできたのか、それとも大気汚染のためにできたのか、それともそれ以外の原因でできたのかは、まったくどうでもいいことでしょう。

外科医が知っておかなければならないことは、肺癌がどこにどのようにあって、転移の状態はどのようであって、患者さんの全身状態はどのようであるかというような、その患者さんと病気との現状だけです。心理的な治療でも、これは同じことなんです。現在のライフスタイルと、その人が現在おかれている状況がわかれば、それで充分なんです。

——それでは、なぜ父親との関係を扱うんですか。

それには三つの理由がある。

一つにはドラマティックだから。グループの中での治療は、短時間に効果を上げなければならない。また、そのクライエントとは、ひょっとすると二度と会えないかもしれない。だから、ドラマティックな印象的な治療をしたほうがいい。

第二には「過去はあなたを縛らない」ということを教育できるから。「どんな環境で育っても、なおあなたはあなたの生き方を今ここで選びなおすことができる」ということを実地教育できるから。

第三には、話を親子関係に持っていったほうが、多くの人に共通しているから。一人のクライエントの治療が他の参加者をも治療するんです。

処理すべき感情にはどのようなものがありますか

——野田さんが感情を扱われるときに、何か一般的な原理というようなものがあるんですか。

先ほどの例で扱われていた感情は「怒り」ですね。陰性感情、つまりよくない感情には、大別して三種あると思うんです。「怒り」と「不安」と「憂うつ」ね。

このうちで、「不安」と「憂うつ」とは、思考と関係した感情です。つまり、「今ここで」起こっていることに対してではなくて、頭の中で考えていることと関係した感情です。

それに対して、「怒り」は、「今ここで」に関係した感情で、思考とは本質的に関係がありません。

——もう少し説明していただけませんか。

「不安」は未来のことを考えたときに起こる感情であり、「憂うつ」は過去のことを考えたときに起こる感情でしょう。

——そうですね。

◆「不安」の処理

未来や過去というのは、考えの中にしか実在しないでしょう。だから、「不安」と「憂うつ」は思考と関係してしか起こらないんです。だから、思考ではなくて、「今ここで」起こっていることのほうを見ると消えてしまいます。今ここで起こっていることを見るというのは、つまり瞑想のことです。特に「不安」と、その親戚の「心配」とか「恐怖心」とか「緊張感」とかは、瞑想によって見事になくなります。ただ瞑想するだけでなくなるんです。

——瞑想で不安がなくなるのは、私にも体験があります。

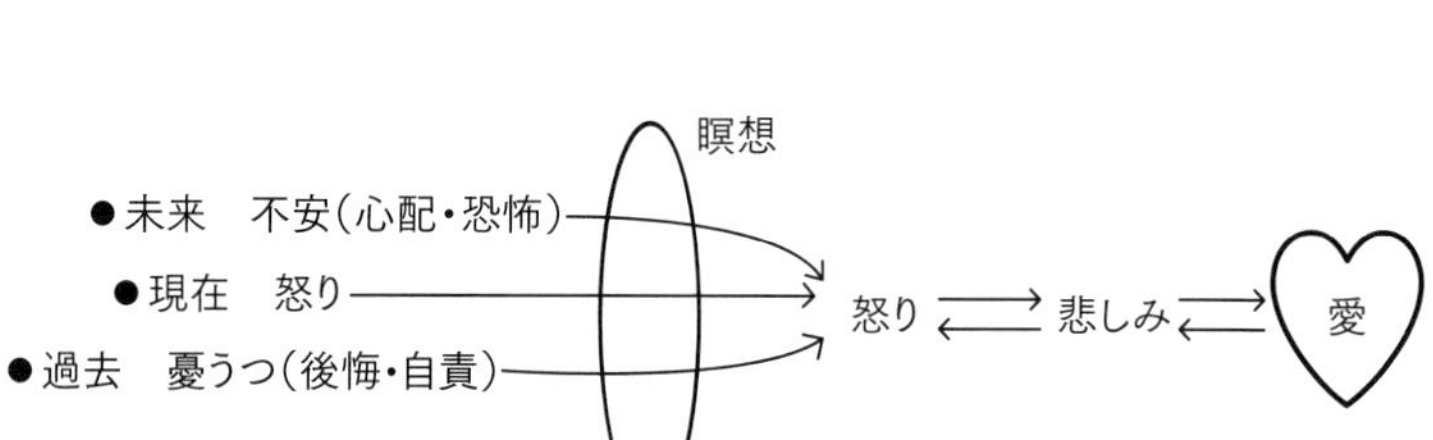

それは、不安は、未来についての感情だから。未来のことを心配しおそれるから不安になるわけでしょう。瞑想すると、意識が「今ここ」へ帰ってくる。そうすると、未来がなくなる。行動療法家たちは、瞑想すると身体的にリラックスして、それが不安をやわらげるのだと考えていますが、その考え方は正確ではないと思う。その証拠に、全身を緊張させるような瞑想法もあるんですが、それでも不安はなくなります。すなわち、身体のリラックスではなくて、精神が「今ここ」へ帰ってくることが問題なんだと思います。

◆「憂うつ」の処理

――「憂うつ」についてはどうですか。

「憂うつ」とその親戚の「後悔」とか「自責」とか「罪悪感」とかいったものは、過去についての感情ですね。だから、原則的には、瞑想で「今ここ」に戻ってくると消えるんです。ただ、不安ほどは簡単ではない。実際、経験的には、憂うつについては瞑想はときに危険です。うつ病の人に瞑想させると、いやなことばかり次々に考えてしまって、かえってうつ状態が悪化することもあるようです。

――そうかもしれませんね。

ちょっと話がそれますが、うつ病に関連して、「気分」と「感情」の違いをお話ししておかなければなりません。
「気分」というのはたぶん生理的なもので、心理的な要素で影響は受けるものの、基本的には脳の生理変化です。それは状況とはあまり関係なくゆっくりと変動します。「感情」というのは心理的なもので、状況に対応して速やかに変動します。うつ病の人は、気分が落ちこんでいます。それだけだったらいいんだけれど、それに対して感情的になるんです。「こんなことではいけない」とあせってしまうんですね。それでますます悪くなっていく。心理療法が扱えるのは、感情のほうです。気分のほうは薬物療法しかないように思う。うつ病の人も、ただ気分が落ちこんでいるだけだったらどうということはないんです。それに対して心理的に反応してくよくよと考えこんだり感情的になったりするからいけない。

――気分に対して感情的になるんですね。

そうです。さて、私がここで扱おうとしている「憂うつ」は、気分としての「抑うつ」ではなくて、自責の念や後悔や焦りなどの、感情としての「憂うつ」のほうです。たぶん、感情としての憂うつは大脳皮質の働きであり、気分としての抑うつはもっと下位の脳の働きなんでしょうね。だから、大脳皮質に働きかける心理学的なアプローチでは、抑うつ気分は変えられないのだと思います。ともかく、言葉をこのように使い分けておきましょう。これをはっきりと区別して患者さんを教育しておいてからであれば、うつ状態の人に瞑想させることは可能です。そうすると、「抑うつ気分」は同じように残るけれど、それに振りまわされて感情的になることがないので、とても楽になります。

——憂うつな人に瞑想させるには下準備がいるわけですね。

そうです。不安はただ瞑想さえすれば消え去ります。憂うつは気分と感情とを分離するための予備的なカウンセリングをしてから瞑想してもらえば、感情の部分は消えます。憂うつの感情さえ消えれば、抑うつ気分のほうは、そう耐えがたいものではないようです。

——そんなものですか。

◆「怒り」の処理

それはそうなんですが、うつ的な人に瞑想させると、憂うつは消えるけれど、怒りや悲しみが残ることがあります。多くは自分に対する怒りや悲しみですが、ときには他者に対する怒りであることもあります。そのときには、怒りに対する操作をします。

さて、「怒り」ですが、これは、瞑想では消えません。それは、怒りは現在の感情だから。今ここにある感情だから。

——過去の出来事についての怒りはどうなんですか。

今その出来事をありありと思いだして再体験しているのなら、それは「今ここで」の出来事です。我々の記憶には二種類あるようです。

一つは言葉としての記憶、もう一つはイメージとしての記憶。

「子どものころ父親に連れられて、よく釣りに行ったものだ」というのは言葉としての記憶で、リアリティがないんですね。ところが、「あるとき、父親に連れられて釣りに行ったら、父親はほとんど何も釣れなかったのに、私は大きなボラが釣れて、とてもうれしかった」というような思い出は、イメージとしての記憶で、そのときの光景や、ときには音や肌触りや臭いまで、ありありと思いだせます。言葉としての記憶は図書館の目録のようなもので、イメージとしての記憶は実物の本ですね。目録をいくら読んでも感動しないけれど、実物の本を読めば、何度読んでも感動します。その感動は、「今ここで」感動しているんです。そのときのイメージだけではなくて、身体の感覚までありありと思いだせるものです。過去の出来事に対して覚える怒りも、「今ここで」の怒りなんです。

——なるほど。

不安は普通、問題なく消えていきます。憂うつは、一部は消え、一部は怒りに変わります。怒りは瞑想だけでは消えません。つまり、瞑想をすると、怒りだけが残って、他の感情は消えていきます。怒りだけが残れば、半分成功です。

怒りについては、個別にカウンセリングをすることが必要だと思う。だから、瞑想を使うグループ療法の中でのカウンセリングは、ほとんどの場合、怒りを扱うことになります。さて、怒りの親戚にあたる感情は何だかわかりますか。

——……………。

怒りという感情は、実は悲しみという感情と同じものなんです。

——怒りは悲しみなんですか。

ゲシュタルト派の人は、クライエントが悲しんでいるときに、「あなたは本当は怒っているのではないですか」と聞くようですが、私は逆に、クライエントが怒っているときには、「あなたは本当は悲しいのではないですか」と尋ねます。怒りと悲しみとは、実は同じものなので、どちらにでも容易に変換できます。怒っている人はきっと悲しんでいるし、悲しんでいる人は多くの場合は怒っているんです。

さて、怒りを悲しみに変えますと、次にはそれが愛情であったり、愛してほしいという感情であったりすることがわかります。だから、怒りは愛情や愛情への飢餓でもあるわけです。

ケース 「いらいらして困る」女性

――意外や意外、怒りは愛情なんですか。

はい。一つ例をあげましょう。

ある若い女性ですが、「いらいらして困る」と言います。どんなときにいらいらするのかと尋ねますと、「しなければならない仕事がたまってくるといらいらして、どうしようもなくなります」と言う。そこで私は、「そういうふうになったのはいつごろからですか」と尋ねました。

彼女、「大学受験のころからです」。

「それ以前はいらいらすることはなかったんですか」

「そういえば、母親に批判されると、同じようにいらいらしました」

「お母さんは、たとえばどんなことであなたを批判なさったんですか」

「たとえば、小学校のころ、漢字のドリルをしていると、覗きこんで、『なんだ、これ間違っているじゃないの』って言ったんです。そのときものすごくいらいらしました」

この記憶は、「今ここで」の出来事として作用できるかたちをしていますね。こういう「ある日あるところでの特定の出来事」としての記憶が出てくれば、怒りを処理するカウンセリングが可能になります。

そこで、私は、「いらいらしてどうしましたか」と尋ねました。彼女、「私はだめな子だと思いました」。自責をしているんですね。だから、この人の愛用の感情は、たぶん「憂うつ」であるらしい。

私、「お母さんに向かっては、何も言わなかったんですか」

彼女、「だって、私が悪いんですから」。この人は母親に向かって怒らないで、かわりに自分を責めて憂うつになったんですね。

——怒りを抑圧したと考えていいでしょうか。

私はそうは考えない。このような場合に自分を責めるライフスタイルなんですよ。個人個人に、たぶん一つだけの愛用の陰性感情があって、それはライフスタイルがつくりだしているものなんです。怒りは、この人の場合は主たる感情ではないようです。

さて、私は、「もしお母さんに向かって何か言うとしたら、何を言いますか」と尋ねました。

彼女はしばらく困っていましたが、やがて、「お母さん。お母さんはいつも私を批判してばかりじゃないの。私がちゃんとできていて当たり前、ちょっとでも失敗すると批判する。お願いだから私の欠点ばかり見ないで」と言いながら、だんだん興奮してきました。ここではじめて自責から怒りに変わったんですね。この人が母親に対して怒りを覚えたのは、このときがはじめてかもしれない。感情の使い方のパターンが、このとき「憂うつ」中心から「怒り」中心に変わったんです。

私は「あなたはお母さんに腹を立てているんですか」。

彼女は「はい、そうです」。

そこで私は、「じゃあ、あなたはお母さんが嫌いなんですか」と尋ねました。ここから、怒りを悲しみに変える操作がはじまっています。

「いいえ」と彼女は答えます。

そこで、「あなたはお母さんに好きになってほしいんですか」と尋ねると、彼女は、ちょっとびっくりしたように、「そうです」と言います。

そこで私が、「ひょっとしてあなたは、お母さんに批判されて悲しいんじゃないんですか」と聞くと、彼女は、ちょっと考えてから、「そうだわ。私とても寂しくて独りぼっちな感じがしているんです」と言う。

ね、怒りは悲しみでしょう。どんな怒りも、実は寂しさや孤独感や悲しみだと思うんです。ただ、それを怒りだと誤解しているんです。

——よくわかります。

◆洞察はあとからやってくる

悲しみだということがはっきりすると、あとは簡単なんです。

「あなたはお母さんに好きになってもらいたいんですね。だとしたら、どう言えばいいと思いますか」と私。

彼女、「お母さん、私を愛してください。ありのままの私を愛してください。私、寂しいんです」と言いだしました。だんだん声が大きくなって、「お母さん、私、お母さんのことが大好きなの。愛しているの。だから、私を愛して」と言います。ところが、かなり怒ったような口調なんですね。そこで私は、「ずいぶんこわい言い方をしますね」と言いました。彼女は突然はっとしましてね、「お母さん、大好き」と、やや甘えた口調で言いだしました。このときには怒りの感情はもうすっかりなくなっていました。これで一段落です。

——洞察が起きたように思いますが。

仕上げに、「あなたが仕事がたまってくるといらいらすることと、お母さんに拒絶された感じを持っていたこととは関係がありますか」と私が尋ねますと、「はい、あります。私、母に甘えるのが下手だったと思います。いつも突っ張っていました。母と競争していました」と彼女は言います。洞察が生まれたの。

ここで一つわかってほしいことがあるんですけれど、洞察が人を変えるのではなくて、変わったとき人は洞察するんです。このケースに限らず、先に知的に洞察させないで、先に変化を起こしてしまうと、自然に洞察が生じる。そのやり方のほうがいいんです。

——先に洞察させてはいけないんですか。

いけなくはないだろうけれど、「頭ではわかりますが、できません」と言われる可能性があって、それがいやなのね……。

ともあれ、怒りが愛であることがおわかりになりましたか。怒りが実は相手への愛情だったり愛情欲求だったりすることがわかると、うんと扱いやすくなる。だって、そのまま素直に言えばそれでいいんだから。「どうして私のことを好きになってくれないのよ！　私のことを好きになってくれないあなたなんか嫌いよ！」と言うかわりに、「私はあなたのことが大好きです。あなたも私のことを好きになってください」と言えばそれでいいんだから。

瞑想と感情の関係について説明してください

——先ほど、瞑想して「今ここで」に帰ると、感情が消えたり変化したりするというお話がありましたが、もう少し詳しく説明してください。

陰性感情のうちで「不安」と「憂うつ」とは、思考と深い関わりがあります。我々が考えるのは、過去の反省か未来の計画についてでしょう。過去の反省に伴う陰性感情が「憂うつ」であり、未来の計画に伴う陰性感情が「不安」です。

――そうですね。認めます。

さて、瞑想すると、我々は「今ここ」に帰ってきます。ところが、我々は「今ここで」のことについては考えることはできません。考えは「今ここで」のものではないんです。だから、「今ここ」に帰ってくると、思考はなくなる。なくなるというのは変で、あるんだけれど、影響を受けなくなる。「今ここ」にあるものは「感覚」。五感に写るものそのまま。

瞑想は、過去や未来の思考や感情にばかり向かっていた注意を、「今ここで」の感覚に連れ戻す操作のことだと言っていいでしょう。そうして思考の影響を受けなくなると、思考に伴う感情である「不安」と「憂うつ」とは消えてしまう。

――なるほどね。

「今ここ」に帰ってくると、それまで問題だと思っていたことの多くが、実は問題ではないことがわかる。

――それはどういうことですか。

心配しても心配しなくても、死ぬときは死ぬということですよ。あるいは、後悔しようとするまいと、起こってしまったことは起こってしまったということですよ。

思考は役に立たない。瞑想して「今ここ」に帰ってくると、思考が実は何の役にも立っていないことがわかる。

思考を見ている限り、問題はいっぱいあるように感じられるけれど、「今ここ」に帰ってくると、問題なんかそんなにはないことがわかる。

——わかりやすい例があれば……。

我々は考えることで、何もないところから手品のように問題をつくりだしている。「亭主に逃げられたらどうしよう」と思っている奥さんは、しなくていい心配をしているんです。そんな心配をしている暇があったら、亭主と仲よくする工夫をすればいいのに、たいていはそうはしないで、しなくていいことばかりして、結局は本当に亭主に逃げられてしまう（笑）。

「取り返しのつかないことをしてしまった」と思うのなら、取り返せないんだから忘れればいい（笑）。そして、同じ失敗を二度としない工夫をすればいい。それなのに後悔ばかりしていて、「今ここで」起こっていることを見ないから、またぞろ同じ失敗をしてしまう。そんなものでしょう。

——本当にそうですね。

◆「思考」や「感情」は自分ではない

人間の意識は、潜水艦の潜望鏡のようなものだと思うんです。眠っているときには水面の下にある。起きているときには水面の上に出ているが、見えるものは「考え」か「今ここで」か、どちらか一つ。「考え」を見ていると「今ここで」は見えないし、「今ここで」を見ていると「考え」は見えない。

――「今ここで」というのは感情のことではないんですね。

ゲシュタルト派などは「今ここで」イコール「感情」のことだと考えているようだけれど、それは間違いだと思います。言葉で言うと、「感覚」というのが一番近いかな。

目に見えるもの、耳に聞こえるもの、肌に触れるもの、など、五感に感じとれるものを、意味づけをしないで、ただ眺めること。正確に言うと、思考や感情も五感の対象だな。

我々は、思考や感情イコール自分だと思っていることが多いのですが、それは違う。思考や感情は、本当は意識の対象であって、外の世界と同じように、我々の外側にあるものだ。だから、意識が「今ここで」に目覚めていると、思考や感情に巻きこまれないで、それからちょっと離れて見てみることができるようになる。

――瞑想しても思考や感情はなくならないように思いますが。

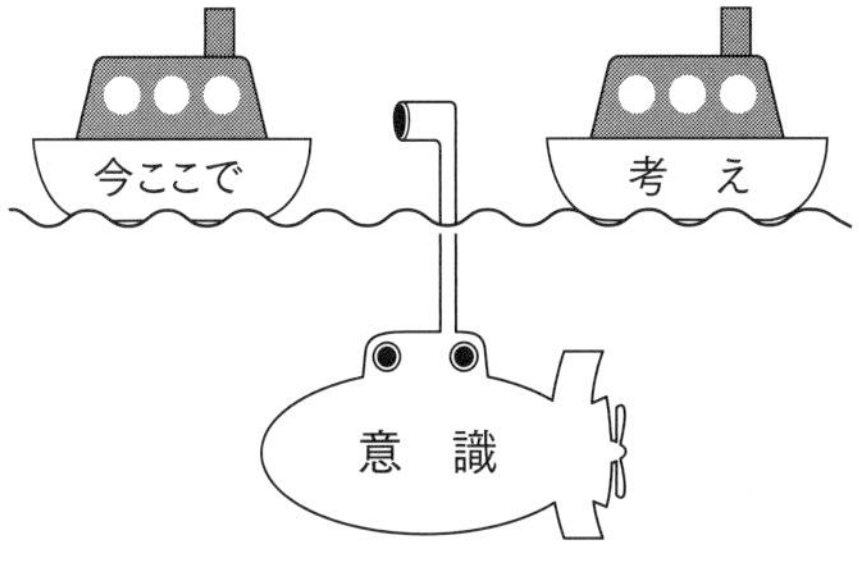

無念無想になんかならないよ。死なないとならないいんじゃない（笑）。確かに静まってはきますが、それでも思考も感情もあるんです。

ただ、それらと自分とのあいだに隙間ができて、巻きこまれなくなる。冷静に眺めていられるんです。怒りの感情が渦巻いていても、それと自分との間に、ほんのわずかなんだけれど溝があって、感情が私を害することはない。

映画で猛獣を見ているようなもので、どんなにおそろしい顔をしていても、本当は私を噛むことはないんだ。でも、うっかりしていると、巻きこまれて恐怖心を感じてしまうでしょう。冷静に、それが映画だということを思いだすと、安全だとわかってこわくない。

——そのたとえは、よくわかりますね。

そうして「今ここで」の出来事を見つめると、出口が見つかる。智慧が働く。考えていて「今ここで」を見ていないと、いつまでも同じところを堂々めぐりして、同じ失敗を続ける。

◆感情的になれない人

——感情的になりやすい人が瞑想すると冷静になれるのはよくわかりますが、感情を抑圧しているというか、感情的になれないタイプの人も、瞑想する意味があるんですか。

感情的になれない人々には、「感情的になってはいけない」というライフスタイルがあるんです。ある人々は、「私は、感情的になると我を忘れて何をするかわからない」と思っておそれている。またある人々は、「感情的になると人からさげすまれるのではないか」と思っておそれている。

いずれにせよ、感情的になれない原因は、実は「不安」という感情なんです。象徴的な言い方だけれど、不安が他の感情を圧迫して、自然な感情を起こらせないようにしている。つまり、感情的になれない人は、実は感情的なんです。不安に支配されて、不自由な不自然な生活をしている。だから、瞑想して自然になる必要がある。わかりますか。

——ええ。瞑想は、感情的すぎる人を冷静に、感情的になれない人を自由に感情が出せるようにするわけですね。

感情を出すことによって問題が解決するとは思わないんです。でも、感情が出せないのは困る。それは感情がたまるからではなくて、ライフスタイルの構造が悪いんです。

「決して感情的になってはいけない」というのは誤った信念です。私は感情的になることは幼児的であまりよくないことだと思うけれど、感情的になることをおそれて禁止するのも同じように幼児的でよくないことだと思う。感情を使わないで問題を解決することはとても大切なことだと思うけれど、それは感情を抑圧せよと言っているのではなくて、感情を放棄せよと言っているのです。この違いがわかりますか。

――もう少し説明していただけませんか。

それまで感情を使って解決していた問題を、感情的ではない、もっと成熟した行動レパートリーを使って解決するようにすると、感情は自然に使われなくなる。

それまではあぜ道しかなかったのだけれど、その隣にハイウェイを通すと、あぜ道はまだあるんだけれど、ハイウェイを通るようになって、あぜ道は使われなくなる。感情を抑圧していた人は、結局はひどく感情的なんです。

――ええ。

陰性の感情は、結局は対人関係の中で使われる道具なんです。感情は行動の原因ではない。人間は感情の奴隷ではない。人間は感情の主人であり、感情はお手伝いさんなんです。しかも、陰性の感情は、いなくてもいいお手伝いさんなんです。陰性の感情という彼女は解雇してしまって、理性というもっと有能なお手伝いさんを雇ったほうがいい(笑)。

――感情がなくなってしまうと、冷たい人間になってしまいませんか。

陽性の感情は解雇しなくていいんですよ。鬼ババアのお手伝いさんは追い出して、カワイ子ちゃんのお手伝いさんは置いておこう(笑)。

──**大賛成！**

第2章

瞑想を導入する

Q5. 瞑想とはどのようなものですか

◆瞑想テクニックその一　ダンス

――野田さんがグループの中で使われるのは、どんな瞑想ですか。

瞑想状態に誘導するためのテクニックは、基本的には四つの方向から考えることができます。昔から「身《しん》・口《く》・意《い》」と言って、瞑想には、「身体」と「言葉」と「意識」の三つの入口があると言います。私は、それに「呼吸」をつけ加えて四つ、つまり「身・口・意・息」と言っています。順にお話ししていきましょうかね。

まず、身体です。これは、伝統的な瞑想法では、印契《ムドラー》や姿勢《アーサナ》のことを言うのですが、私は固定したポーズではなくて、身体の運動、特にダンスのことだと解釈しているんです。

――ダンスが瞑想になりますか。

瞑想とダンスとは、ちょっと結びつきにくいだろうけれど、さまざまな体験があって、じっと座っているよりも、かなり激しく身体を動かしたほうがいいと思うようになったんです。

――体験と言いますと。

一つには、アドラー派にはダンス・セラピーの伝統があるんです。リリアン・エスペナクというダンス・セラピストがいましてね、素敵なダンス・セラピーをやっている。まだ訳されていないけれど、本も書いています*。

もう一つは、私は昔、合気道をやったことがありましてね。そこで、運動がとてもいい瞑想状態をつくることを体験しました。

もう一つは、バグワン・シュリ・ラジニーシ**の瞑想テクニックの影響を受けたんです。これは激しい身体運動やダンスを使うんです。

――なぜダンスなんですか。

私の友達に、モダン・ダンスの偉い先生がいましてね、あるとき新聞記者が彼にインタビューしまして、「先生はなんだってダンスなんかはじめられたんですか」って聞いたんですって。彼は気を悪くしましてね。それはそうだろうね（笑）。そこで、「あのね、大きな声では言えないけれどね……」って、ひそひそ声で言ったんですって。記者はふんふんと聞き耳を立てますよね。そこで突然大声で、「人間はダンスをするのが好きなんだ！」（笑）。

人間はダンスをするのが好きなんですよ。

* Espenak, L.: Dance Therapy; Theory and Application. Thomas, Springfield, 1981.

＊＊ラジニーシ（Bhagwan Shree Rajneesh 1931–1990）インドの聖者。現在、普通は「和尚」と呼ばれている。講話録に『存在の詩』『般若心経』『究極の旅』『マイウェイ』『ダイヤモンド・スートラ』（いずれも、めるくまーる社）など多数がある。

◆大きな変革力を持つダンス

それに、芸術療法という見地からとらえるならば、芸術の中で、ダンスは一番変革力の大きなジャンルだと思うんです。たとえばね、盛り場の真ん中で、キャンバスを立てて絵を描いていたら何が起こるか。まあ、二、三人は立ち止まって見るかもしれませんね。次に、数人が集まって音楽を演奏していたらどうなるか。二、三〇人は集まるかもしれないな。

さて、一〇人ほどでダンスを踊ってごらん。大変ですよ。警察が来て、「君たちは包囲されている。武器を捨てて降伏しなさい」(笑)。それくらい変革力が大きいんです。だから、さまざまな宗教がダンスを使うでしょう。古くは踊り念仏から、天理教とかね。また、世の中の変革期にはダンスがはやる。「ええじゃないか」なんていうのがあったでしょう。

――踊る宗教というのもありましたね、北村さよ。

そういうわけで、半分は瞑想テクニックとして、半分は芸術療法としてダンスを使うんです。

ケース　ダンスをしたくない女性

さて、実際にグループでダンスをしてもらおうとすると、なかなか大変なんですよ。あるとき、二泊三日の合宿グループでのことですが、一日目のはじめに、オリエンテーションが終わるや、いきなりディスコ・ダンスをはじめたんです。ところが、ある中年の女性がダンスをしてくれないの。後ろのほうでつっ立って、壁のほうを向いてもそもそしているんです。サブ・セラピストが近づいて、踊るように言っていたようですが、それでも踊ろうとしないんです。

あとでオープン・カウンセリングの時間にその人が手をあげて、「私、ダンスはしたくないんです。しないのは私の自由でしょう」と言うんです。これを言わなきゃ辛抱してあげたんですけれどね（笑）。これは面白いケースで、私のやり口が典型的に出ているから、少し詳しく説明しましょうかね。

まず、ダンスをしようとするまいと、彼女の問題であって私の問題ではない。私はどっちだっていいんだ。このことはわかりますか。

——もう少し説明してください。

私はダンスを強制しているわけではない。グループで私が、「さあ、ダンスをしましょう」と言うのは、「あなた方はダンスをしなければならない」という意味ではなくて、「ダンスをしませんか」というお誘いをかけているだけなんだから、いやだったら拒否してもいっこうにかまわないんです。

——それは、そうでしょう。

ですから、ダンスをするかしないかは参加者自身が決めてくれればいい。彼女はダンスをしないことに決めたんです。それはそれでいい。私は少しも困らない。ただ、「ダンスをしないと損をするのにな」と心の中で思いはしますが、それは私の勝手な思いです。

――アドラー学校のお話を思いだしますね。

そうです。まったく同じことなんです。アドラー学校の先生たちは、「学習しませんか」とお誘いをかけるだけで、決して学習を強制しない。でも、頭の中では、「学習しないと損をするのにな」とは思うかもしれない。それでも、学習を拒否する子どもに学習を強制することはしない。

だから彼女が黙ってダンスを拒否しているだけだったら、私はそれ以上何もしなかったでしょうね。

ところが、彼女は「ダンスをしないのは私の自由でしょう」と言いました。このことには三つの問題が含まれている。一つは、なぜそんなことをわざわざ言わなければならなかったかということ、すなわち、この言葉の対人関係上の目的です。もっとあからさまに言うと、そう言うことで私に何をさせたかったのか、ということ。彼女は私から、「ダンスをしないでいい」という正式の許可を得たかったんだと思う。そんな許可は、口が腐ってもあげないよ(笑)。

――なぜですか。

彼女の神経症的な行動の片棒を担ぐのはごめんだから。もし私が、「いいですよ。あなたがダンスしないことを許可します」と言うと、彼女は私の責任でもってダンスを拒否するでしょう。「先生がいいって言ったんだから」って……。

彼女が彼女自身の責任でダンスを拒否するのであれば、それは立派なことだと思う。でも、私に責任をとらせようとするのならば、それはごめんだ。

――なるほどね。

第二の問題は、彼女が私にダンスを強制されたと感じているらしいこと。この人は、大変支配的な人であるに違いない。支配的な人が最もいやがるのは、人から支配されることです。そういうライフスタイルの人は、依頼や勧誘さえも命令と受け取る。彼女は私の言葉を命令と受け取ったようです。

だから、もし私が「あなたはダンスをしなくていい」と許可すると、彼女は私の支配を跳ね返して、かえって私をあるやり方で支配しおおせたことになる。さらには、彼女は内心、他の参加者にはないある種の特権を勝ち取ったとも感じるかもしれない。彼女の支配性は、きっと大変満足するだろう。つまり彼女のファシスト的なライフスタイルを強化してしまうだろう。これは大変まずい。

――なるほどね。

第三に、「自由」という言葉にひっかかったんです。理屈をこねるならば、ダンスができてダンスをしないんだったらなるほど自由だ。でも、どんな理由なんだかは知らないけれど、彼女はダンスができないんです。この世にできないことがあるのは不自由なことだ。さまざまな可能性から決断して選択できることを自由と言うんです。

ところが、彼女には選択の可能性がない。「ダンスをしない」という可能性しかないんだから……。彼女は少しも自由なんかではない。彼女は、ダンスをしない限り、自由にはなれない。彼女は自由という言葉の使い方を間違えている。わかりますか。

——ええ。フロム*の言う、「〜からの自由」と「〜への自由」の違いですね。

ああ、そうかもしれないな。ともあれ、「これは一つ、自由って何か教えてあげなくては」と思ったんです。で、私は、「ダンスをしないのはご自由です。そのことで損をするのはあなただけですから」と言ったんです。

——何と厳しい。

優しいばかりが愛ではない……。ここで私が言っているのは、「結末の予測」のテクニックです。さて、二日目には、ダンスになると彼女はセッション・ルームを抜け出しました。不自由な生活ですね（笑）。三日目になって、とうとう彼女は踊りました。

＊フロム（Erich Fromm 1900–1980）
ドイツ生まれのユダヤ人精神科医。はじめフロイトについて精神分析を学び、またマルクス主義に傾倒した。のちにフロイトとマルクスとを止揚しつつ、彼独自の「ラディカル・ヒューマニズム」の立場を確立した。著書に『自由からの逃走』（東京創元社）、『正気の社会』（社会思想社）、『人生と愛』（紀伊国屋書店）、『希望の革命』（紀伊国屋書店）など多数ある。

——何度か踊るように誘いをかけたんですか。

いいえ、まったく言いませんでしたよ。サブ・セラピストたちにも、彼女をプッシュしないように言っておきました。ダンスをするのは彼女の義務ではなくて、彼女の権利なんだから、放棄したければ放棄していればよい。それで不便をするのは彼女だけなんだから。

——何だか冷たいようにも思えますが。

でも、彼女が自分の権利を行使したくなれば、いつだって行使していいんですよ。我々は彼女に報復しているわけではない。強制もしないし報復もしない。ただ彼女の決断のままにまかせている。これが一番彼女の人格を尊重した処置だと思うんですがね。ダンスしたくなければいつまでもしなければいいし、したくなればいつでもすればよい。

ともかく我々には、彼女にダンスするように強制する資格も、しないでいいと許可する資格もない。また、彼女がダンスしないでいる責任も、あるいは気を変えてダンスする責任も、私はいっさい引き受けないし、また引き受けることはできない。すべては彼女が自分の責任で決めればいいことだ。

——彼女にはこたえたでしょうね。

どうでしょうね。他の人はみんな楽しそうに踊っているのに、自分だけダンスから逃げまわっているという状況は、あまり居心地のいいものではないかもしれないね。

でも、注意してほしいことは、その状況は、私がつくりだしたのではないということです。彼女が自分で勝手につくりだしている。ダンスをしないことに決めたのは彼女だし、また決めたのだったら堂々とボイコットしていればいいのに、居心地悪く感じることに決めたのも彼女なんですよ。

◆存在しない障害をつくりだして闘う

三日目になって、ようやく彼女は踊れましてね、昼休みに私のところへ来て、「ダンスができてすごくよかった」って感動して泣くんです。

——よほど重荷になっていたんでしょうね、ダンスを拒否している自分が。

そうかもしれません。たかだかダンスに、なぜ三日も悩まないといけないのかしらね(笑)。もっと早く踊っていれば、もっと先へ行けたのにね。不自由なことです。

——でも、その人にとっては大変な決断だったわけでしょう。

それは認めます。彼女が一つの障害を乗り越えたことはお祝いしていいことです。でも、その障害は、はじめから存在しない障害だったんです。彼女が手品のように何もないところからつくりだしていた障害だったんです。

――ところで、なぜその人はダンスができなかったんですか。

知りません(笑)。たぶん人目が気になるとかそういったことだったんでしょうが……。いずれにせよ彼女の手品であることは確かなので、理由は尋ねなかったんです。

――なぜ尋ねようとしなかったのですか。理由がありますか。

尋ねてほしがっているに違いないから(笑)。尋ねると、彼女の術中に陥ってしまう。彼女は、ダンスのできない自分を何とか正当化したかった。だからカウンセリングのときに、半ば食ってかかるような言い方で、「ダンスをしなくていいでしょう」と私に迫った。

私はいかなる場合にも、クライエントと議論する気はありません。クライエントを説得する気もないし、もちろん、クライエントに説得される気もありません。クライエントが同じことを続けていると、困るのはクライエントだけであることを、議論ではなく、実際に証明してみせるだけです。ときには自然にそのようになりますし、ときにはそうなるような状況をつくりだします。それが私のやり口です。私はひどく非言語的《ノンバーバル》な治療者なんです。特にグループのときはそうです。ただ、さまざまな状況をつくりだすだけ。

彼女にとっては、皆がダンスしているのに、自分はできないということが、しかも、治療者はまったく助けてくれないということが、そのような治療的な状況になったわけです。

――野田さんが使われるダンスはディスコ・ダンスですか。

そうとは限らない。年輩の方々にはディスコ・ダンスは難しいんです。だから、課題を与えて踊るイメージ・ダンスとか、簡単な振り付けで輪舞するスーフィー・ダンスなんかも取り入れています。そういうものでもって身体を自由に動かすということに慣れていただかないと、いきなりディスコ・ダンスはできない。

――若い人たちはディスコ・ダンスが好きでしょうがね。

好きは好きですが、下手ですね。ワン・パターンに同じ動きをするだけで、運動の種類が極端に少ないんです。だから、やはり他の種類のダンスを併用しないといけない。全身が動くことと、さまざまな運動が含まれていることが、瞑想ダンスの条件だと思うんです。

◆瞑想テクニックその二　チャンティング

――さて、第二の要素の「口」について説明していただけますか。

「口」すなわち言葉というのは、伝統的な瞑想では真言（マントラ）なんだけれど、私は、今さら「おんあぼぎゃべいろしゃな……」でもあるまいと思って、詠唱（チャンティング）を使うことにしています。簡単なスーフィーの歌とか、ケチャとか。

――スーフィーというと、イスラムの神秘主義ですね。

そうです。スーフィーの瞑想はアラビア語の呪文を使うことが多いんですが、簡単だし、とても美しいんです。ケチャはバリ島の瞑想のコーラスね。単純な言葉を単純なメロディに乗せてコーラスすると、とてもいい瞑想状態に入ります。

――面白そうですね。

◆瞑想テクニックその三　五感の使い方

第三の「意」というのは、本来はイメージのことなんですが、私は五感の特殊な使い方のことだと解釈しています。アメリカの催眠家ミルトン・エリクソン*とその弟子たちが発見したことなのですが、ある対象に対して五感をすべて動員すると、簡単に瞑想状態に入るんです。

たとえば、一本の木を見るとしますね。まず、それを如実に見るんです。意見を交えないで、ありのままに見るんです。好きだとか嫌いだとか美しいとか醜いとかいうのは意見です。そういう見方をしないで、ただ見る。木なら木の全体を見る。と同時に、細部も見落とさずに見る。

それができたら、次に、木を見たままでその音を感じる。葉のそよぎや幹の揺れ

＊エリクソン（Milton Erickson 1901-1980）
アメリカの心理療法家。新しい催眠の技法を開発し、現代の心理療法に大きな影響を与えた。

る音を、たとえ実際には聞こえなくても心で聞いてみる。それができたら、木の肌触りを感じてみる。実際には手を触れないで、心で感じてみる。それができたら、木の動きを感じてみる。ここまでが第一段階。

第二段階では、それによって起こる自分の身体の変化を点検する。呼吸はどのようであるか、脈拍はどのようであるか、手足の温度はどのようであるか、筋肉の緊張はどのようであるか。

第三段階は、木と自分とのつながりを感じてみる。そうすると、もう深い瞑想状態です。

――インドのある種のヨーガのやり方に似ていますね。

◆瞑想テクニックその四　呼吸

そうですね。エリクソン一派は、ヨーガの知識はなかったようですがね……。さて、第四の「呼吸」に行きましょうか。

――呼吸というと、ゆっくりとした規則的な呼吸をするといったようなことでしょうか。

そうとは限らない。激しい不規則な呼吸を使うこともできるし、鼻ではなく口で呼吸してもらうこともある。

ゆっくりとした規則的な呼吸を、鼻を使ってすると、静かな内省的な瞑想状態に入りますし、口を使ってゆっくりと深い呼吸をすると、開放的なおおらかな瞑想状態に入ります。激しい不規則な呼吸を使うと、感情的な動揺を伴った瞑想状態がつくりだせます。目的に応じてさまざまな呼吸を使い分けます。

——呼吸のやり方によって、瞑想状態が違ってくるんですね。

だから、メンバーの精神状態をかなり自由に制御できる。催眠のようでもあるし、瞑想のようでもある。

催眠と瞑想とはどう違うのですか

——催眠と瞑想とは、どう違うんですか。

そもそも言葉の使い方に少し混乱があるようですね。「瞑想」という言葉を曖昧に使いすぎたように思います。反省して、ここできちんと定義しておきましょう。

まず、瞑想とは何であるかというと、「目覚めていること」だと思うんです。自分の内側と外側に起こっていることについて、巻きこまれないで、少し離れて、はっきりと目覚めていること。先入観を持たないでありのままに見ること。「気づいていること」と言ってもいいし、「見届けること」と言ってもいい。これが瞑想の本質的な定義です。

──それが、座禅をしたりヨーガをしたりすることと、どういう関係があるんですか。

普通に瞑想と言っているもの、座って静かにしていることね、あれは瞑想そのものではなくて、瞑想的生活のためのトレーニングなんです。だから、「瞑想トレーニング」とでも言っておいたほうがいい。

本当に大切なことは、二四時間、三六五日の日常生活すべてが瞑想的になることです。瞑想トレーニングは、そのための準備にすぎない。

──瞑想トレーニングと瞑想的生活とを区別したほうがいいんですね。

そうですね。両方を同じ「瞑想」という言葉で呼ぶから、話がややこしくなっているようです。

さて、今までしてきたのは、瞑想トレーニングの話です。瞑想トレーニングは、通常二つの部分からできています。「瞑想誘導」と「本体」です。

瞑想誘導というのは、私の場合だと、たとえばダンスであったり、チャンティングであったりするわけです。本体というのは、それに続く、何もしないでただ座っている時間。一〇分から一五分程度、何もしないでただ座って、自分の内側と外側の出来事をただ眺めている時間をつくる。それができるようになるために、準備として、ダンスやチャンティングが必要なんです。一五分程度の瞑想誘導と、一五分

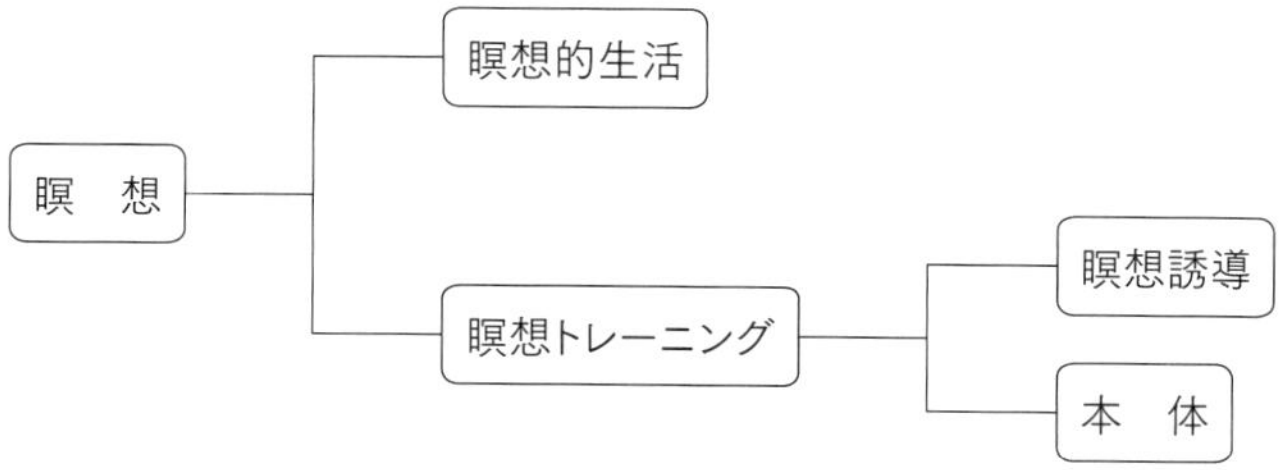

程度の本体から、瞑想トレーニングの一ユニットができている。

――だいぶはっきりしてきました。

◆催眠とリラクセーション

さて、瞑想トレーニングによく似たものに、「催眠」と「リラクセーション」があります。催眠もリラクセーションも、瞑想トレーニングの導入部として利用することはできるが、それ自体は瞑想ではない。また、催眠でもないし、リラクセーションでもない瞑想トレーニングの導入法もありうる。わかりますか。

――ええ、図に書くと、どうなりますか。

図に描くとこんなふうになる（下掲）。

――瞑想誘導とリラクセーションや催眠とは、本来は違うものなのだけれど、重なりあう部分もある、と理解していいですか。

そうです。そして、瞑想である以上は、「目覚めて見届ける」ということがなくてはならない。また、「目覚めて見届ける」ということがあるならば、何であれそれは瞑想だ。眠くなって意識がなくなるような催眠は、だから瞑想ではない。催眠状態であっても、自分の内側と外側に起こるすべての出来事を目覚めて見届けているならば、それは瞑想だ。

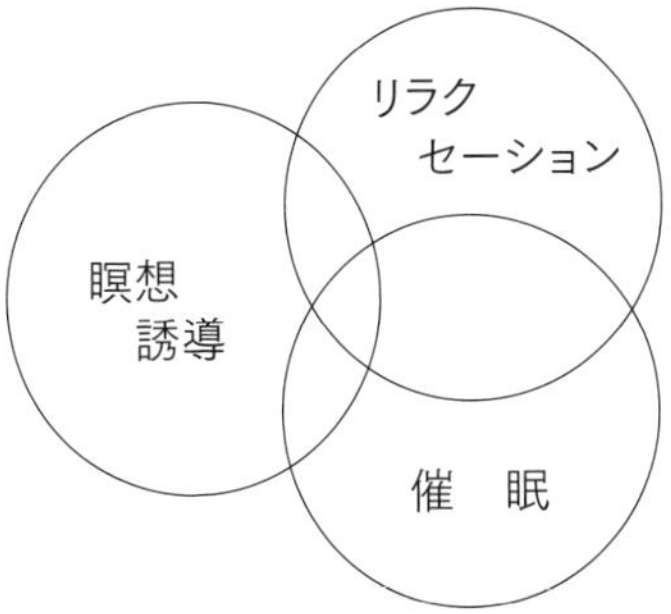

なぜ伝統的な瞑想法を使わないのですか

――野田さんは、ダンスやチャンティングのような、かなり動きを伴う瞑想誘導法を好まれるようですが、どうして禅のような静かな瞑想法を使わないいんですか。

使わないわけではないけれどね……。現代人は頭でっかちだから、ただ黙って座ると、瞑想にならなくて、妄想になってしまうんですよ(笑)。何もしない瞑想というのは、ハイ・テクニックなんです。初心者には到底無理だと思う。

――そうですね。妄想ばかりで、続かなくなってしまいます。

それに私は禅の修行の枠組みが嫌いなの。今さら山寺へこもって棒で殴られていても何も起こらないよ(笑)。禅の修行法も、あれが生まれた時代の状況の中では正しかったんだと思います。それはただし一千年も前のことなんです。一千年の間に社会の状況がまったく違ってしまった。今の状況の中では、禅の修行形態はナンセンスだと思う。

――状況が違ってきているのはどんな点でしょうか。

禅が生まれた背景にある社会は、戦乱もあるだろうし、貧困もあっただろうけれど、やはりのんびりとした社会だったと思うんです。のんびりした農業的な社会の中で、禅寺の規律のある暮らし方がオルタナティブ・ソサエティ(代替社会)として機能したんでしょうね。だから治療的だった。

禅寺では、朝起きてから夜寝るまでの生活が完全にスケジュール化されています し、食事の作法から排泄の作法に至るまで完全にプログラム化されているでしょう。 ああいった暮らし方は、禅が成立し発展した当時には、ショッキングでもあったろ うし、チャーミングでもあったろう。革命的なオルタナティブ・ウェイ・オブ・ラ イフだったんだ。

——なるほど。

◆禅はファシズム社会の源流

そして、それは結局社会を変革した。その暮らし方が、日本だと、やがて俗化し て武士の暮らし方になって、もっと俗化して日本陸軍になって、今では学校教育に なっている。日本のファシズムの形式上の源流は、禅寺の暮らし方だと思うんです。

——禅がファシズムの源流なんですか。

そう思います。明治時代に軍隊と学校とができたとき、価値観は国粋主義化した 儒教ないしは神道だったけれど、雰囲気はグロテスクに誇張された禅寺だったと思 うんです。

だから今、我々が治療の場としてのオルタナティブ・ソサエティを考えるとき、禅寺は最もまずいモデルなんだ。あれは今の社会のカリカチュア、いや、正確に言うと、今の社会が禅寺のカリカチュアなんだから。

――禅というと非常に自由で高潔なものだというイメージを持っていたんですが……。「軍人精神注入棒」って知っていますか。禅が我々に残してくれたものはあれなんですよ。教育の手段として暴力を肯定する思想は、元をたどれば禅に源がある。社員教育なんかで「おのれを捨てよ」なんて言うのも、元をたどれば禅の発想だものね。駅前で大声で歌を歌わせたりしているでしょう(笑)。かわいそうにね……。まあ、あそこまで戯画化されると、哀れというかおかしいというか。

――それで結構、何事かを成し遂げた気になったりしてね。

そうでしょうねえ。また、馬鹿な禅坊主が、ああいったもののお先棒を担いで講演してまわったりしているしね。もう禅はだめですよ。

――禅の考え方は現代人には合わないと。

禅の裏づけである真理(ダルマ)そのものには時代はないから、今だって通用すると思います。ただ、方法が時代遅れだ。仏教の言い方を借りると、般若は時間空間を通じて普遍だけれど、方便は時と所とによって違ってこなければならない。

――そうすると、野田さんのグループがめざすものも、結局は禅がめざすものと同じで、ただ方便が違うだけだと理解していいですか。

うーん、どうなんだろうね。そうなのかもしれないな……。よくわかりません。

Q 6. なぜ瞑想が必要なのですか

——質問の順序が逆になってしまったかもしれませんが、なぜ瞑想が必要なんですか。

瞑想的に生活していないから、我々は不幸なんです。瞑想して生きるのが本当の生き方で、瞑想しないで生きると、必ず間違うんです。我々の間違いであれ犯罪であれ神経症であれ、この世界のすべての不条理は我々が瞑想的に生活していないから存在する。逆に言うと、我々が瞑想的でさえあれば、我々が抱えている諸問題は必ず解決する。

——もう少しわかりやすく……。

前に言ったように、瞑想とは、「目覚めている」ということです。「今ここで」起こっていることに、フルに目覚めていることを瞑想と言います。ちゃんと気がついていることを瞑想と言います。逆に言うと、瞑想していないと眠っているんです。寝ぼけていては、正しい判断ができるわけがないでしょう。

——瞑想というとむしろ睡眠に近いように思う人もあるようですが。

それは誤解。瞑想的であるとは、意識をはっきり目覚めさせておくことです。

◆瞑想していないと寝ぼけている

――普通にしていては目覚めていることにならないんですか。

瞑想的ではないときには目覚めていない。たとえば一五分ほど散歩をしたとしましょうよ。散歩が終わってから、途中の風景やすれ違った人々について、どれほど覚えているでしょうかね。ただぼうっと散歩していると、ほとんど何も覚えていないでしょうね。でも、歩いていたんだから、眠ってはいなかったんだ。起きてはいたんだけれど、でも目覚めてもいなかった。そういうことってよくあるでしょう。

――ええ、私などしょっちゅうそんな状態です。

普通そうですね。それが非瞑想的な状態です。非瞑想的な状態では、眠ってはいないんだけれど、目覚めてもいない。普通の人間は、一日の大部分をこんな状態で暮らしている。

そんなだから間違いばかりするんです。ちゃんと生きるためには、そこから脱却しなければならない。自分の内側や自分の周囲で起こっていることに、いつでもちゃんと目覚めて気がついていないといけない。つまり、瞑想的に生きはじめなければならない。そうしてはじめて、正しく状況を把握することができる。

非瞑想的な状態では、我々は状況をまったく把握していないか、あるいはいい加減に間違って把握しているかのいずれかです。それでは正しい対応ができるわけがない。正しい状況把握ができてはじめて、正しく判断することができるようになる。ね、瞑想しないと間違うことがわかったでしょう。**瞑想の第一の意義は、状況をちゃんと認知できる、ということです。**

◆瞑想は目標追求をストップさせる

――瞑想の第一の意義が、状況を正しく認知することであるとすると、第二以下の意義もあるわけですか。

箇条書き主義者の私ですから、当然いくつかある。

瞑想の第二の意義は、人生の目標追求をストップさせることに関係するいくつかの事柄です。アドラー心理学では、人間は目標を設定して、それに向かって生きていくのだと考えます。この考え方から見ると、目標追求を一時やめることも可能だと思われます。主体的に決断して目標を決めたんだから、主体的に決断しなおして目標を捨てることもできるはずです。

――なるほど。

欲望をなくすことは不可能ですよね。食欲や性欲や睡眠欲を絶つというようなことは、ひどく不自然だし、実際上は不可能だと思う。ところが、目標を一度棚上げにして、流れのままに漂ってみるというのは可能ですよね。微妙な違いなんだけれど、わかりますか。

――もう少し説明してください。

仏教では、すべての苦の原因は欲だと言うでしょう。それは本当だと私も思う。そうすると、欲を捨てることが幸福への道ということになるわけなんだけれど、欲は捨てられっこない。そうでしょう。

――だから「欲」を肯定する密教的な考え方が出てきた。

でもね、これは実は誤解なんです。ここで「欲」と言っているのは、原語では「渇き」という言葉なんです。だから、「渇愛」と訳されることもありますね。これはどうも、欲求ではなくて、目標のことではないかと私は思うんです。そうすると、無欲とか執着を捨てるとかいうのは、実は欲望を抑圧することではなくて、目標を捨てることだということになります。

――なるほどね。

それだと可能だと思う。仏教が言っていたのは、欲望を断てということではなくて、目標を落とせということではないか。

だから、大乗仏教になると、欲望そのものを否定するのではなくて、欲望に執着することを否定するように変わってくるでしょう。そのほうが正しいんだ。我々の言葉で言うならば、目標を落とせということになる。

◆オルタナティブ・ウェイ再び

――目標を追求しないというと、何だか今我々が生きている社会の価値観からちょっとずれてしまうように思うんですが。

だからそう言ったでしょう。私はオルタナティブ・ソサエティの実験をしているんだって。たとえ瞑想状態に入っても、そこで現在の社会が要求するような目標のイメージを「無意識」に放りこんで生産性を上げようなどというやり方は、結局何も変えない。

――何度かうかがいましたが、サイコセラピーを使用して潜在能力を開発し生産性を上げるというようなグループには、野田さんは反対なんですね。

反対というわけではないんだけれど、そういったグループは、究極的な幸福にはつながらないと思っている。「どうせ歯車になるのなら、ぎざぎざの多い歯車になりたい」なんて悲しいではないの（笑）。

お金持ちになることとか高い地位に登ることが、不幸の原因だとは言いません。でも、幸福の原因でもないと思う。お金や地位は、人間の幸福とは無関係なんだ。

反比例はしないけれど、比例もしない。

——我々はつい、お金があれば幸福だろうと思ってしまうけれど、それは貧乏人のひがみなんでしょうね。

そういうひがみから自由になりたいんです。「あくせく働くのもいいけれど、ときどき休憩して、本当に大切なものを忘れていないか点検してみませんか」というのが、私のグループなんです。瞑想はとてもいい休憩になる。

さて、本題に戻って、瞑想すると目標追求が一時的にせよストップします。目標がなくなると、劣等感がなくなる。劣等感とは、理想と現実のギャップのことです。劣等感とは、他人とくらべて自分が劣っているという感じではなくて、理想の自分とくらべて現実の自分が劣っているという感じのことです。また仏教と対比しますけれど、お釈迦さまのおっしゃる「苦」ということを、アドラー心理学では「劣等感」と言う。

——ああ、そうなんですか。

◆現実の自分を生き抜く

私はそう思っています。「目標追求がある限り劣等感がある」というのと、「渇愛が苦の原因である」というのは、だから、同じことを言っている。目標追求をストップさせると苦はなくなる。人生目標とは、すなわち理想の自分のことでしょう。だから、人生目標がなければ劣等感はないことになる。

──現実の自分だけがあって。理想の自分のことを考えなくなるんですね。

その言い方はとても正確です。理想の自分というのは、「考え」の中にしかないんです。現実に存在するのは、この現実の自分だけ。瞑想的になると「今ここで」存在しているこの現実の自分だけが見える。理想の自分なんて、ただの幻想であることがわかる。幻想でしかない理想と比較して、劣等感を感じている自分が馬鹿馬鹿しくなる。そして笑っちゃう。

──前にそんな話をうかがったような気がしますが……。

そう。ライフスタイルを変えるためには、自分のやっていることの馬鹿馬鹿しさを笑うことだ、ということを前に言いました。あれは実は、瞑想のことを言っていたのです。瞑想とライフスタイルのことはもう少しあとでお話しするとして、こうして瞑想的であると、劣等感がなくなる。劣等感がなければ不安も恐怖も緊張も焦りもない。般若心経にも、「心にこだわりがなければ恐怖がない」と書いてあるでしょう。

──瞑想すると、感情的に安定するわけですね。

理想がなくなり劣等感がなくなると、自己受容が起こる。だって、自己受容ができないのは、理想の自分から現実の自分を引き算して採点するからでしょう。理想がなければ引き算もなくて、ありのままの自分が満点になる。

——瞑想は自己受容にも役立つと。

◆共同体感覚に目覚める

これが瞑想の第二の意義。瞑想すると、劣等感がなくなって自己受容ができるようになる。瞑想することによって、自分自身に対する態度が根本的に変わる。

それだけではない。**瞑想すると、他人や世界全体に対する態度も根本的に変わってくる。これが瞑想の第三の意義。**瞑想して目標追求がなくなると、自分中心ではなくなって、優しくなれる。目標を追求するから、ついエゴイストになってしまうわけです。目標がなくなれば、エゴイストであることはできなくなって、ついうっかりと共同体感覚に目覚めてしまう。

——ついうっかりとね（笑）。

ついうっかりと、でなくてはいけない。「俺は共同体感覚に目覚めるぞっ」なんて気張っているとだめで、「気がついたら共同体感覚のど真ん中にいた」という感じでないと、本当ではない。瞑想すると、過去と未来とがなくなって、人生の流れが止まる。「今ここで」起こっていることを、そのままに見ることができるようになる。

そうすると、世界って美しいですよ。素晴らしく美しい。

――いつもあくせくしているので、その美しさが見えないんですね。

そうして世界が好きになる。「大好きな私」とも言えるようになるし、「大好きな世界」と言えるようにもなる。そうして、共同体感覚に目覚める。瞑想的であるということは共同体感覚を持っているということであり、共同体感覚を持っているということは瞑想的であるということなんです。

瞑想の第一の意義が正しく状況認識ができるようになること、

第二が劣等感をなくし自己受容を可能にすること、

第三が共同体感覚を目覚めさせること。

瞑想で性格が変わりますか

――今までのさまざまなことが瞑想という一本の糸でつながってきましたね。

そうでしょう。私のアドラー心理学理解の中核概念は瞑想なんです。伝統的なアドラー心理学のすべての概念を、瞑想という立場で再編してできたのが、私のアドラー心理学です。

もっとも、アドラー自身は瞑想ということを知らなかった。だから、オーソドックスなアドラー心理学では瞑想の話は出てこない。でも、アドラーが言おうとしていたのは、瞑想のことだと私は思うんです。

――その言葉は使わなかったけれど。

ええ。彼の時代には、西洋人はまだ瞑想ということを知らなかったから……。さて、**瞑想の第四の意義は、ライフスタイルが変わること。**瞑想すると、ライフスタイルが一時的になくなってしまうんです。

――それはまたどういうわけですか。

二種類の説明をしてみましょうか。

まずアドラー心理学理論のほうから言うと、ライフスタイルを維持しているのは、目標追求のエネルギーなんです。だから、目標追求をやめると、ライフスタイルが働かなくなる。ライフスタイルというのは自転車操業なんだな。休憩すると倒れてしまう（笑）。瞑想すると、目標追求がストップしますよね。そうすると、ライフスタイルの働きもストップしてしまう。

――瞑想的であるときはライフスタイルに縛られないで行動できると理解していいですか。

そのとおりです。瞑想理論のほうから説明するならば、そういうことになります。ライフスタイルというのは、型にはまったパターン化した行動習性ですから、ぼうっと半意識的でいると、ライフスタイルの命じるままに行動してしまうが、はっきりと意識的であると、ライフスタイルが命じるのとは違った行動ができる。はっきり目覚めて意識的でいると、過去の行動習性とは関係なく、「今ここで」自分の行動を選択することができるんです。

――なるほどね。

◆カルマとはライフスタイルのこと

実に驚いたことに、一千年以上前に、インド人の仏教哲学者たちがこれと同じことを言っているんです。彼らは性格のことを「カルマ（業《ごう》）」と言います。ある状況である行動をすると、同じ状況では同じ行動をする習性ができる。この習性のことをカルマと言うんです。我々の言うライフスタイルとまったく同じことです。

――カルマというのはそういう意味なんですか。

本当はね。今では違った意味で使われますけれど、本来はこういう意味らしいですね。

さて、カルマは植物の種子のようなものだ、と彼らは考えます。ある状況である行動をすると、状況と行動との対応関係を記憶したカプセルができて、それがカルマで、それが無意識……彼らの言うアーラヤ識の中に蓄積される。次に同じ状況がやってくると、無意識の中に眠っていた、その状況に対応するカルマが目覚めて、行動を指示する。こうして、過去の行動が習性となって現在の行動を決定する。

――我々の心理学と変わりませんね。

学習理論に一番似ているように思いますね。でも、ここからが違うんですよ。彼らは、カルマの種子は、一度呼び出されて使われると消えてしまう、と言う。そして、行動によって新しい種子ができる。前のカルマは消えてなくなって、新しいカルマと入れ替わる。もっとも、普通は、前のカルマが決めたように行動しますから、新しいカルマといっても、内容は前のカルマと同じなんです。違う種子なんだけれど、同じ花が咲く。わかりますか。

――何だかややこしくなってきました。

あるとき、状況Sに対して行動Bをしたために、カルマ・カプセルSができたとしましょう。このカプセルは、外に「S」と書いてあって、中に行動の種子Bが入っています。このカプセルは無意識の中に蓄えられます。

さて、そこへ状況Sによく似たS'が起こった。すると、どんな働きなのか知らないけれど、無意識の中に眠っているカルマ・カプセルのラベルを調べて、S'に似た状況に関係するカルマを探す作用があるらしい。そこで、先ほどのカルマ・カプセルSが見つかって呼びだされる。そして、それが壊れて、中から行動Bが出てくる。こうして人間はSとよく似た状況S'に対しては、状況Sのときにした行動Bをする。

ここまではわかりますね。

――はい。

さて、カルマ・カプセルSは、もう壊れてしまった。ところが、状況S'に対して行動Bをしたので、新しいカルマ・カプセルS'がつくられます。今度はこれが蓄えられる。

――ああ、わかった。

妙な考え方なんですよね。現代の心理学とはとても違っている。なぜ彼らがこんな奇妙な考え方をしたかというと、それは自由意志のことを言いたかったからなんです。もしある状況に対してカルマが指示する行動をしてしまうと、またぞろ同じカルマができるけれど、違う行動をすれば違うカルマができる。

――違う行動をすることができるんですか。

目覚めていれば……。ここが味噌なんです。うっかりしているとカルマが指示する行動をしてしまうけれど、瞑想的に目覚めていると、いかなる行動でも選択できる。完全な自由意志がある。このことを説明するために、彼らはこの奇妙な心理学体系を考えだしたんです。

――なるほどね。

そして、私も、瞑想的に目覚めていると、過去の行動習性とは関わりなく、自由意志で行動を選択できるという考えには賛成なんです。瞑想的であると、ライフスタイルが我々を縛る力が一時的に緩んでしまう。その隙に、ライフスタイルの目を盗んで（笑）、それが命じるのとは違うことをしでかしてしまうことができる。そうしてその結果がいいと、「なんだ、こういうふうにすればよかったのか！」という洞察が生じて、ライフスタイルが変わる。

——具体的な例をいただけますか。

ケース 「私のことを好きになってください」ゲーム

そうですね。あるグループで、歩きまわりながら、出会った人に向かって、「私のことを好きになってください」とお願いするゲームをやったんです。ある男性がいて、彼はどうしてもこのゲームに参加できないんですね。一人で壁のほうに向かって立って悩んでいる。「あなた、壁と仲よくなるよりも、人間と仲よくなったほうが楽しいと思いますよ」と言ったんだけれど（笑）、なかなかできない。

——なぜできないんでしょう、彼は。

彼のカルマが邪魔するから（笑）。なぜだか詳しくは知らないけれど、いずれにせよ、彼のライフスタイルには、「そういうことはしてはいけない」と書いてあるんだ。

——カルマに縛られて動きがとれない。

そこで、女性のサブ・セラピストを呼んで、あとはまかせたんだけれど、彼女は、まず彼に深い呼吸をさせて瞑想状態にしたんです。「考え」られない状態に陥れてしまったんです。すると簡単に、彼女に向かって、「私のことを好きになってください」と言えた。前後の見境がなくなってしまったんだね。

――前後の見境がなくなるのはいいことなんですか。

前後の見境がなくなったというのは正確な言い方ではありませんね。「考え」はなくなったけれど意識ははっきりとあるし、理性は本当の意味で目覚めている。だから彼は、自分がしていることにちゃんと気がついていて、結果まで見届けていた。「考え」が邪魔をしなかったから、彼はそれができた。できてみると、彼のおそれていたようなことは何も起こらなかったし、起こらなかったどころか、とても素敵なことが起こった。Ａｈａ！体験（「そうか！」という気づき）があった。たぶんそんなことが起こったんでしょうね。あとは問題なく参加できました。

――最初の抵抗さえ乗り越えれば、あとはどうということはないでしょうね。

ええ。ライフスタイルの中にある不合理な命令や禁止をはずすときに、瞑想を使うと便利です。さらに、一度それらの不合理な命令や禁止をかいくぐって行動してしまうと、その部分の信念が変わって自由になる。つまり、ライフスタイルが変わる。

――あっ、そうか。今までと違った行動をやってみることで、ライフスタイルが変わってしまうわけですね。

頭を括弧の中に入れておいて、身体で行動するとね、そして、その行動の結果が、当人にとって好ましいものであることを、目覚めて見届けることができればね。彼はきっと、女性から「あなたのことが大好きです」と言ってもらえてうれしかったんでしょうね。

――それは、うれしいでしょうね。

だから、ライフスタイルが変わって、いくらかでも積極的になった。こうして、瞑想しながら治療すると、ライフスタイルはとても簡単に変わる。

ここで気がついてほしいことは、ライフスタイル分析をしないでライフスタイルを変えているということです。瞑想というかたちの勇気づけだけが使われている。性格を変えるとは、このように、治療者の側からの勇気づけと、クライエントの側の見届けとが鍵なんです。

瞑想で社会が変わりますか

――これは催眠ではないんですか。

暗示を与えるわけではないから、催眠とは違うと思います。普通に言う催眠療法は暗示療法で、何かをつけ加える治療法だと思うんです。「あなたはとても自信が出てきます」というようなことを言って、本来はなかったものを暗示でつけ加える。鉛の表面に金メッキする。でも、中身は鉛のままなんです。

ところが、私がやっているのは、むしろ何かを取り去る治療法だと思う。ライフスタイルの中にある不自然な「べき」や「べきでない」を取り除いて、自然な姿に戻そうとしている。だから、いわゆる催眠とは違うのではないかな。

――何かをつけ加えると、元々あったものとの葛藤が、また新たな問題にもなりますね。

私は何かをつけ加えようとは思っていない。むしろ、一番自然な姿に戻ってもらおうとしている。それまでのライフスタイルの中にあった不自然な思いこみから自由になって、自然に自由に生きてもらえるようになればいいと思っている。いらない荷物を捨てて、シンプルに生きてもらいたいんです。

我々の不幸は、いらない荷物を抱えこみすぎていることだと思うんです。「人に負けてはいけない。勝たねばならない」とか、「人によく思われないといけない。嫌われたら大変だ」とか、「決して失敗してはいけない。いつも緊張して注意していなければならない」とか、そういったたぐいの、下らない思いこみね。それから自由になって、もっと人間らしい生き方をしてほしい。

――ライフスタイルを改善するというよりは、ライフスタイルから自由になる、ということですか。

たぶんそれが正確な言い方だろうな。瞑想はライフスタイルを変えるために役立つと言いましたが、ずっと持続的に瞑想的な生活を続けるならば、ライフスタイルそのものがなくなってしまう。正確に言うと、ライフスタイルはなくなるわけではないけれど、ライフスタイルに従うか従わないかを、そのつど自分で選ぶ自由を手に入れることができる。そうすると、ライフスタイルは存在しないのと同じだ。

――カルマから解放される。

瞑想的であることの第五の、そして究極の意義はこのことだと思います。本当の自由を手に入れること。子ども時代以来蓄積してきた我々の不合理な条件づけから脱却すること。人類の心理学的な遺伝から自由になること。

◆我々が幸福でないのは文化が野蛮で神経症的だから

――心理学的な遺伝とは。

我々の文化の悪しき部分。我々が幸福でないのは、我々の文化が野蛮だからです。我々の文化が幼児的で神経症的だからです。我々の文化は幼児的な攻撃性や支配性や恐怖心でいっぱいです。

そして、我々の文化の野蛮さは、育児や教育を通じて、我々の心の中に根深く植えつけられている。条件づけができてしまっている。まず、何はともあれ、我々自身の中にある野蛮さから脱却しなければならない。

――条件づけられているのに、それが自分だ、それが人生だと思いこんでいますよね。

そのためには、我々は無批判に自分の条件づけに従ってしまうことをやめて、機械的に条件づけで行動するのではなく、一つ一つの状況について自由意志で行動を選びはじめなければならない。我々が文化から受け継いだものを、一つ一つ検証しなければならない。「この場合にこうすることは、本当にいいことなのか、野蛮な因習ではないのか」というようにして。それは瞑想があってはじめて可能になることなんです。

――そういう意味では、グループ・セラピーは現代社会へのアンチテーゼだと理解していいですか。

そうですね。でも、「アンチ」と言うとちょっと違うかもしれないな。平行した別の可能性なんだと私は思っています。パラダイムね。現在の社会とは違う可能性を提示しておいて、みんなに知ってもらい、そして結局はみんながどちらを選ぶかを決める。現在の社会をぶっ壊してとってかわるのではなくて、お客さんに両方を味見してもらって決めてもらう。そんな感じではないかな。

それに、私は社会改革をしようとしているわけではない。私はセラピストです。だから、私は、私のところへ来られる人たちが幸福であるようにということをまず第一に考える。そのための方法がたまたまグループであり、グループというのがたまたまオルタナティブ・ソサエティであるということなんです。個人が救済されることが第一義であって、その結果、副作用として、社会が変わっていくかもしれない。そういうことなんです。

◆瞑想的な社会が来てほしい

——社会を変えるか変えないかは、個人を救済することにくらべると小さな問題だということですか。

小さな問題か大きな問題かは知らないけれど、私の仕事は、まず個人の救済だということ。それはもちろん、社会の構造と複雑にからまりあってはいるのだけれど、なおそれでも、社会を変えなくても個人は救済できると私は思う。ただしそれは、社会が今のままであっていいということではない。

——ええ。

瞑想的な社会が来てほしい。でも、それは押しつけることはできない。どういう社会を選ぶかは、我々の子孫が決めることです。私には私の願いが、あるいはアドレリアンにはアドレリアンの願いが、と言っても許されるかな、願いはあるけれど、それをいくらか聞き届けてくれるかどうかは、私の仕事ではなくて、アドレリアンたちの仕事でもなくて、現在と未来の人々の仕事。我々はただ、一つの可能性を提示しつづけるだけ。

第3章
究極の目標とは

Q 7. 何のために生きるのですか

――野田さんが、グループでしようとしておられることは、一言で言えば共同体感覚の育成ということですか。

もちろんそうです。

――個人に即して言えば、生き生きしてくる、自由になれる、といった効用面を強調してもかまわないと。

自然さ、個人の中にある自然の解放と言うかな。

――それは、さまざまな抑圧や自縄自縛から解き放たれるというようなことでしょうか。

そうです。まず、自分の中には問題はないことを知ってほしい。それから、自分と世界との間にも問題はないことを知ってほしい。ただあるのは、自分でつくりだした問題だけ……。ありもしないところから手品のように取り出した、実際には存在しない架空の問題があるだけ……。

劣等感に悩み、人目を気にし、感情に支配され、不自由な生き方をしているのは、ほかならぬ自分だということ、自分だけの一人芝居だということ、自分以外には犯人はいないのだということ、すべて自分が決断して選んでつくりだした不幸なのだということ、それをわかってほしいのです。

――頭でわかっても、なかなか実行できないのが、我々の弱いところで……。

だから、頭ではわかってほしくない。知的な洞察はしてほしくない。ただ、新しい生き方をやってみてほしい。はじめはグループの中で。「みんなで渡ればこわくない」からね。それから、自分一人の力で、日常生活の中で……。すべては自分が決めたこと、自分が自分に科している刑罰……。だから再決断しさえすれば、すべてが変わる。

◆再決断とは無意識的な作業

――再決断というのは、意識的な作業ですか。

ああ、それはいい質問だ。それは無意識的な作業だと私は思うんです。それが私の方法の特徴なんです。意識化することよりも、まず実行して身体で確かめてみること。言葉をできるだけ介在させないこと……。ついうかうかと変わってしまうような状況をつくりだすこと。それがセラピストとしての私の仕事だと、私は思っています。

グループ・セラピストとしての私の仕事は、参加者一人一人に働きかけることではなくて、治療的な場を設定することだと思っています。場のバイブレーションが参加者たちの中に眠っていた共同体感覚を目覚めさせる。渇いた砂の中にあった種が、雨にあって芽を吹くように。

――どうやってそのような場をつくりだすんですか。

これは困った質問だな……。とにかくつくりだすんです。気がついたらできてしまっているんです。何か作為があるわけではなくて。

――野田さんが放っている雰囲気、あるいはオーラというようなものなんでしょうね。

そうなんでしょうね。

――では、他の人には真似ができないことになる。

私のグループは、私にしかできない。それはそうだと思います。他のグループ・セラピストは、私とはまた違った雰囲気のグループの場をつくりだす。グループ療法というのはそういうものなんです。科学ではなくて芸術、いや、芸術というよりも、職人芸ですね。

私は建築技師ではなくて宮大工なんです。ちゃんと建築はしますがね、どうやってやったのかと問われると、合理的な答えは言えない。どうすればうまくいくかを、半ば本能的に知っているだけ。

◆たいていの問題は「涙なし」で解ける

さて、ともかく参加者はグループの中で、短時間ではあるけれど、共同体的な、あるいは瞑想的な、新しい生き方を体験するわけです。そうやって新しい道を一度つくっておくと、日常生活に帰ってからも、参加者たちは、新しい生き方を決断する自由を持っていることになる。知らないことは実行できないが、知っていれば、少なくとも実行する可能性は持っている。

――それまでは、たった一つの生き方しか知らなかったけれど、別の生き方もあることを知るわけですね。

そうです。ただし、グループで体験した新しい生き方を、日常生活の中でも選択するかどうかは、私の問題ではなくて、参加者一人一人の問題だと思っています。

つまり、私のグループに参加して新しい生き方を一度体験しておけば、それを知った上でなお古い生き方を選択したとしても、なおその人は自由なんです。選択可能性があって、その中から主体的に一つを選びとっているのならば、選びとったものが何であっても、その人は本質的に自由です。それに、もし私が、新しい生き方を強制するとすれば、私はファシストになってしまいます。

私はただ、別の生き方が可能であることを示すだけ。それを試食してほしい。試食した上でなお今までの生き方のほうが好きならば、そちらを選ばれてもいっこうにかまわない。

――寛容というか、突き放すというか……。

だって、不幸に暮らすのは私ではないもの(笑)。私は、人生という問題に対して、もっと便利な解法を示してみせる。新しい解法を使えば、たいていの問題は「涙なし」で解ける。それまで難問だと思っていたものが、実はまったく簡単なことであることがわかる。そもそも問題ですらなかったことがわかる。

ところが、新しい解法を習ってもなお、古い解法のほうが好きだと言う人もいる。それはそれでいいんです。不便をするのはその人たちなんだから……。私が言っているのはいつも、「こうすれば便利だ」ということであって、「こうすべきだ」ではないんですから。

――よくわかります。

ともあれ、グループの中で使われる言葉であれゲームであれ瞑想であれ、それらはある状況をつくりだす道具であるにすぎない。それら自身に治療力があるわけではない。それらがつくりだす状況が、場が、そこに住む人たちの無意識の中に眠っていた、別の生き方の可能性を目覚めさせる。それは新しくつくりだされたものではなくて、その人が本来持っていたが、忘れてしまっていたもの。本来豊かに備わっていた、本当に人間らしい心……。治療力は、参加者各自の心の中にある。私はただそれを呼び覚ますだけ。

――それができるって、すごいことだと思う。

そうですか。ただ怠惰なだけかもしれないよ。

でも、多くの人が、結局は新しい生き方を、いくらかずつでもはじめてくださるので、とてもうれしいとは思っているんですよ。

何度も言ったけれど、今、一人でも多くの人が目覚めて暮らすことが、我々人類が生きのびるか滅びるかの分かれ目だと思うんです。エーリッヒ・フロムなどがあちこちで言っているんですが、今、精神的な変革を成し遂げないと、人類は亡びてしまう。* 暴力と恐怖心が支配原理になっている今の社会のあり方から脱却して、共同体感覚、あるいは愛と言ってもいいんだけれど、新しい原理で生きはじめなければならない。

――すでに人類は滅亡への道を歩んでいるのかもしれない。

そうなるのなら、それはそれで仕方がないけれどね……。ただ、私にできることはしておきたい。私なりのコミットはしておきたい。私が私にできることをして、他の人々が他の人々にできることをして、それでもなお人類が滅びるのなら、その

＊「根本的な人間変革の必要が生じるのは、倫理的あるいは宗教的要請としてだけではなく、また私たちの現代社会の性格の病因的性質から生まれる心理学的要請としてだけでもなく、ほかならぬ人類の生存のための条件としてなのである。正しい生き方は、もはや単に倫理的あるいは宗教的要請を満たすものではない。歴史上はじめて、人類の肉体的生存が人間の心のラディカルな変革にかかっている」フロム・E『生きるということ』(佐野哲郎訳、紀伊国屋書店)

ときは笑って滅びましょうよ。

坂本龍馬が、「死ぬときにでも前のめりになって死にたい」と言ったそうだけれど、そうだと思う。

——人類、というスケールで考えると肩が凝ってきませんか。

そうでもないよ。ただエンジョイしているだけ。気負ってもしようがない。

新しい生き方を一言で言うと

——結局、野田さんのグループ療法は瞑想だと考えていいわけですか。

グループ療法だけではなくて、新しい人間共同体の根本になるのが瞑想的生活だと思うんです。瞑想的生活というのは、座って何もしないでいること、つまり瞑想トレーニングのことではなくて、毎日の日常生活の中で目覚めていることね。

——オルタナティブ・ソサエティ（代替社会）なんて言うと、非常に過激で、理想主義的で、その反面、ひ弱なものを連想しますけれど、そうではないんですね。

むしろ、今の社会よりももっともっと温厚な社会でなければならない。外側からの規制も可能な限り少なく、内側からの規制も少ない、そしてみんなが自分であれるような、そんな社会でないといけない。

「自分である」というのは、決して攻撃的であったり、悪い意味での自尊心の固まりであったり、あるいは冷淡で無関心であったりすることではない。我々はそういう生き方を望んではいない。誰も本当はそんなふうではありたくない。我々が心から望んでいるのは、助けあうことであり、理解しあうことであり、一緒に生きていくことです。

それを実現したいんです。グループは、そのような新しい生き方のひな型……。我々には信じあって助けあって生きていく能力が、ちゃんと備わっていることを証明してみせたい。

――同感です。

人間がエゴイスティックなのは、今までの社会の中で、疎外されて育ちながら性格形成をしたからであって、本当は、人間はエゴイストではない。人間が人間を疎外し、あるいは自らを疎外することをやめれば、子どもたちは違った育ち方をして、社会は変わっていく。

――グループのあとで不適応になるようなことはありませんか。

実際には起こっていないと思う。確かに現在の家族も職場も社会全体も疎外的だけれど、疎外的な中で暮らしている配偶者も親も子も同僚も上司も、心のどこかで「これはおかしい」と思っているから、新しい生き方を誰かがはじめた場合には、おかしいとは思わない。むしろうらやましいと思う。何て素敵になったんだろうと思う。

——心の中で、何かが揺り動かされる。

如実に見れば、何が本当で何が嘘かは、三歳の子どもにでもわかる。疑えるものなら疑ってみろってんだ。

——すごい鼻息（笑）。

はは……。まあ、ともかく、こうしているうちに、やがてすべてが変わっていくのではないかと期待しているんです。もちろん、私一人の力ではないですよ。多くの人が、その人たちそれぞれのやり方で、人類が新しい生き方をはじめられるようにコミットすることでね。

◆習慣から抜け出すこと

——ところで野田さんは、みんなが瞑想の習慣をつけないといけないとお考えなんですね。

言葉尻をつかまえてごめんなさい。「瞑想の習慣」なんていうのはとんでもないことです。私がやろうとしていることは、自由になること、つまり、「脱習慣化」なんですよ。だから、瞑想の習慣なんか、お願いだから身につけないでほしい。そんなことをしたら、人間が瞑想しているのではなくて、機械が瞑想していることになってしまう。習慣化するということは機械化するということなんだから……。瞑想だけではなくて、すべてのことを習慣化しないでほしい。誰かある異性を好きになるとしますよね。そのとき、「愛しつづける」ということをやめたい。

——はあ？

愛を習慣化したくない。瞬間瞬間に、相手を愛することを決心したい。「この人と今日一日を愛の中で暮らそう」と一日を暮らし、次の日は次の日で、「この人と今日一日を愛の中で暮らそう」と再決断して暮らしたい。そういう生き方を、私自身は自分の生き方としていつも模索しているし、きっと人間の最も自然な、最も幸福になれる生き方だと思っている。

——現在の価値観では、よい習慣を身につけることが人生の勝利者への道だというように言われていますよね。

習慣というのは、オートマチックに行動することね。自動操縦装置をつけて、そのスイッチをオンにすることね。私だって、多くのことは自動操縦スイッチをオンにしている。ただ、自動操縦にしたくないこともある。女性と一緒に暮らす時間にはね、何一つ自動操縦にしないで、全部マニュアルでやりたいな（笑）。

——はいはい。

食事もオートマチックにはやりたくないし、散歩もマニュアルでやりたいし、音楽を聞くときにも習慣で聞きたくはないし。わかりますか。

──オートマチックは便利なときもありますけどね。

オートマチック装置がついていること自体はかまわないし、まったいいことでさえあると思うんだけれど、スイッチをオフにして、いつでもマニュアル操縦に切りかえることができないと、人生はつまらなくなる。瞑想とはそういうことなんです。ほかのことは習慣化できるかもしれないけれど、瞑想は決して習慣化できない。習慣化した途端に、それはもはや瞑想ではないから……

愛も習慣化できない。習慣化したときには、愛は死んでしまっている。男と女の愛だけではなくて、この世界すべてのものと我々とを結んでいる愛ね……。「私のいとしい世界」と「世界のいとしい私」ね。

◆生きるために食うのか、食うために生きるのか

この章の締めくくりに、一つお話をしましょう。私の友達がね、若い男の人なんだけれど、弁当屋さんに勤めているんです。あるとき彼が哲学的な悩みを持ちましてね、私に聞きにきたんです。

「野田さん、僕、弁当売ってて思ったんだけれど、人間はいったい食うために生きるんだろうか、それとも生きるために食うんだろうか」

——はは……古くて切実な問いですね。

本当に、根元的な問いですね。禅の公案みたいでしょう。「いかなるかこれ祖師西来の意」というのと同じことを問うているんです。

それで、その場にいた人々に意見を聞いたんです。ある人は食うために生きると言い、ある人は生きるために食うと言う……。私はどちらも間違いだと思う。もしも、食うために生きたら、生きることが食うことの手段になってしまって汚されてしまうでしょう。でも一方、もしも、生きるために食ったら、食うことが生きることの手段になって汚されてしまう。

——なるほど……。で、本当はどのように考えているんですか。

だから、我々は、生きるために生きて、食うために食うのがいい。

——ますます禅問答になってきた。

わかりにくいですか。

——いいえ、よくわかります。禅問答というのは、わかりにくいという意味ではなくて、根元的な話だという意味で。

ええ。我々がこのことをわかりさえすれば、人生はとても楽になる。我々は何かのために、何かをめざして生きているのではなくて、ただ生きているから生きている。食っているときにはただ食っている。それが、我々が十全に生きるただ一つの方法なのではないかしら。

Q 8. 心理学と宗教はどう違うのですか

——心理学とかカウンセリングとかに長年たずさわっていらっしゃる方は、やがて宗教的な境地へ行かれることが多いように思われるのですが、それはなぜなんでしょうね。

個人のことは知りません。信仰を持たれるのは、まったく個人的な問題だから、私はコメントする資格がありませんし、またその気もありません。個人のことではなくて、宗教と心理学の関係について、私が考えていることなら話してもいいけれど。

——ええ、ぜひ。

これは考えておかなければならない問題だと思うんですよ。アラン・ワッツ*やケン・ウィルバー**のように、トランスパーソナル（超個）心理学なんていって、宗教と心理学の境界みたいなところで仕事をする人たちが現われましたしね。私のアドラー心理学理解は、オーソドックスなアドラー心理学よりはいくぶんかトランスパーソナルがかっているので、ときどき私に、「アドラー心理学は宗教ですか」って質問する人もいますしね。

*ワッツ（Alan W. Watts 1915–1973）
アメリカのトランスパーソナル心理学者。著書に『心理療法東と西』（誠信書房）などがある。

**ウィルバー（Ken Wilber 1949–）
アメリカのトランスパーソナル心理学者。著書に『意識のスペクトル（上・下）』（春秋社）、『アートマン・プロジェクト』（春秋社）、『無境界』（平河出版社）などがある。

——どうなんですか。

もちろんノーですよ。どう違うかというと、二点ほど違いがあると思う。

まず第一に、宗教というものは、どんな宗教であれ、宇宙の絶対の真理の存在を信じている。神というかたちで人格化されている場合もあるし、仏教の法（ダルマ）のように非人格的な場合もあるけれど。

一方、心理学は絶対の真理の存在を前提にしていないか、あるいは暗黙の前提にはしていても、それは科学的な方法によっては知りえないと考えているか、あるいは知りうると考えていても、心理学の扱う対象ではないと考えているかのいずれかで、要するに絶対の真理とは関わらない。

アドラー心理学は宗教ですか

——アドラー心理学はどうなんですか。

アドラー心理学については、人によって違うだろうけれど、絶対の真理は、たとえ存在しても、心理学によっては知りえないと考えているだろうと思います。

アドラー心理学が扱うのは、ありふれた日常生活の中での、世俗的な相対的な真理であるにすぎないと思うんです。「人間でありながら、どうすれば幸福になれるか」という話……。アドラーは慎重に「絶対の真理」の話題を避けているふしがある。そうしないと、不寛容になって、喧嘩になるからね。

西洋のアドレリアンには各派のクリスチャンもいれば、ユダヤ教徒も多いし、イスラム教徒だっている。日本だったら創価学会を含めて仏教各派の人、神道の人、天理教や金光教や大本の人、それにクリスチャン。信者さんだけではなくて、聖職者も大勢いますからね。

アドラー心理学の守備範囲を世俗のことに限定しておかないと、大変なことになる。それはアドラー心理学だけのことではないでしょう。他の心理学各派も、そのあたりのことには慎重だと思いますよ。

――なるほどね。内輪もめになるわけですね。

それだけではなくて、アドラー心理学そのものが、アドラー心理学以外の理論に対して不寛容になってしまう。我々は狂信的になるのはいやなんです。真理とか正義の名のもとに、どれだけ多くの人々が殺されたことかを思いださなければなりません。真理とか正義とかいうのが、最も危険なイデオロギーだと、私は思うんです。だから、真理ではなくて、「こうしたほうが便利ですよ」っていう話に限定したいんです。

――宗教的な真理は嘘いつわりだということですか。

いいえ、そんなことは言いませんよ。そんなことを言ったら狂信的な無神論者ではないか（笑）。無神論も宗教ですからね。

私が言うのは、宗教はまったく個人の問題だということです。他人の宗教的信念は完全にオーケーだ。ただ、それを私に強要しないでくれ。

——なるほど。

第二に、宗教は、宇宙の真理は超越的なものであって、通常の方法では知りえないから、それを知るためには、何か超越的な神秘的な方法を使わなければならないと考える。そうではない宗教もあるにはあるので、これは絶対の条件ではないけれどね。

——そうではない宗教って、たとえば。

私の知っている範囲では、南伝仏教や禅仏教の本質的な部分はそうだと思うんですけれど、宗教学者ではないから、あまり信用しないでね……。

さて心理学のほうは、少なくともアドラー心理学に関する限りは、神秘的な方法に頼ろうとは思っていない。合理的な、理性で理解できる方法の範囲内で動いていこうと思っています。他の心理学も、まともなのは、きっとそうだと思う。この二点で、心理学は宗教とは違っている。

超能力についてどう思いますか

――瞑想は神秘へ至る神秘的な方法ではないんですか。

神秘的な瞑想もあるし、神秘的でない瞑想もある。私は瞑想を使うので、一部のオーソドックスなアドレリアンからは評判が悪いんですよ。でも、それは私の使う瞑想を知らないための誤解なんです。

――どんなものが神秘的な瞑想で、どんなものが神秘的でない瞑想ですか。

神秘的な効果を期待しないのが神秘的でない瞑想です(笑)。

――瞑想に神秘的な力はないということですか。

ないかどうかは知りません。ただ、私はあてにしていない。

――いわゆる「成功セミナー」とか「潜在能力開発セミナー」では、たとえば瞑想の中でお金ががっぽがっぽ儲かっているところをイメージして、無意識の中に「よい」メッセージを注ぎこむ、といったようなことを行ないますが…。

それくらいのことでお金ががっぽがっぽ儲かるといいんだけれどね。こんなこと考えていると、効かないだろうね(笑)。有効なこともあるとは思うんですよ。そういうことが有効だと信じている人にはね。

――そこが人間の不思議なところで、ある人にはだめでもある人には適合するんですね。

それがライフスタイル。グループ療法っていうのはね、煙突みたいな垂直の洞窟を想像してくださいよ。内側の壁にフック、洋服を掛けるフックね、それがいくつも取りつけてある煙突です。上の入口から参加者を落とすんです。途中でどれかのフックに引っかかれば……、みたいなもの（笑）。

あるフックに、つまりある一つのプログラムに、百人のうち一人でも引っかかるなら、それはやる価値がある。個々のプログラムは、必ずしも全員に適合する必要はない。二泊三日なら二泊三日の間に、たくさんのプログラムのうちのどれかに引っかかってくれれば成功。だから、先ほどおっしゃったようなゲームも、やる価値はあるんですよ。私は嫌いだからやらないけれど。

――なぜ嫌いなんですか。

私のわがまま。

――何か理論的な根拠でもあるのかと思った。

そういつも理屈で動いているわけではない（笑）。むしろ、わがままが先にあって、それを正当化するために、あとから理屈をくっつけるんですよ。「理屈と膏薬はどこにでもつく」って言ってね（笑）……。

――神秘的な瞑想の話が出たついでに、超能力についてどうお考えですか。

知りません。

——そういうものがあると思われますか。

もしあるとしても、人間の幸福とは関係がない。

——それはまたどうしてですか。超能力を身につけると便利だと思うんですがね。今ここに空《から》になったコーヒーカップがありますね。さて、超能力の修行を一〇年もすると、このカップを台所の流し台まで飛んでいかせることができるかもしれないね。でも、何も一〇年も修行しなくても、今すぐに立って運べばそれですむではないですか。少林寺拳法の開祖の宗道臣《そうどうしん》さんが、あるとき空手の名人が素手で瓦を何枚も割るのを見ておっしゃったんですって。「俺なら金槌《かなづち》で割る」って（笑）。

——でも、未来が予知できたりすると便利でしょう。

あなたは推理小説を最後から読む趣味をお持ちなんですか（笑）。人生は予測できないからやってみる価値があるのではないか。とにかく、名刺で割り箸を割ることができたって、幸福にはならないよ。何か秘教的な超能力的なご利益を求めても、たぶんそんなものはないし、仮にあったとしても、それは人間の幸福とは関わりがない。

——せっかくコーヒーをいれてもらったのに、これでは休憩になりませんね。

私はいいんです。私にアドラー心理学を教えてくれたシャルマンという人はね、パーティーでは評判が悪いんです。なぜかというと、五分も経つと、きっと心理学についてかんかんになって議論しはじめるから(笑)……。私はその人の弟子ですからね。

おわりに

「はじめに」にも書きましたが、本書の内容は、アドラー心理学の私なりの応用であって、すべてのアドラー心理学治療者が同じような方法を使っているものではありません。また、本書が書かれたあとにさまざまな発展があって、現在では使わなくなった考え方ややり方も多く含まれています。しかし、アドラー心理学が現場でどのように使われるかを知っていただくためには、いい参考資料になるのではないかと考えています。

本書では、古典的なライフスタイル分析の方法について触れることがほとんどありませんでした。むしろそれこそがアドラー心理学の治療法の中核部分だと思うのですが、あまりに微妙な方法なので、本に書くことができないのです。それについては、実際にお会いしてお伝えするしか方法がありません。

いつも言うのですが、アドラー心理学は「お稽古ごと」であって、本から学ぶことはできません。本書を読まれた方は、ぜひ講習会やワークショップに参加してください。講習会等については下記に案内があります。

アドラーギルド　http://adler.cside.com/

また、日本アドラー心理学会にもぜひご参加ください。日本アドラー心理学会は国際アドラー心理学会の下部組織で、正しいアドラー心理学を伝承することを使命にして活動している非営利団体です。会員の年会費を基礎に運用されていますので、ぜひ下記のホームページをご参照の上、ご加入いただけると幸いです。

日本アドラー心理学会　http://adler.cside.ne.jp/

なお、アドラーギルドは私の事務所の名前で私企業ですが、日本アドラー心理学会はそれとはまったく独立の社団法人です。お間違えのありませんように。

本書の再版に関しては創元社編集部の松浦利彦氏にひとかたならぬお世話になりました。心から御礼を申し上げます。

野田俊作

索　引

著者略歴

野田俊作（のだ・しゅんさく）

一九四八年生まれ。大阪大学医学部卒。シカゴ・アルフレッド・アドラー研究所留学、神戸家庭裁判所医務室技官勤務の後、新大阪駅前にて相談施設（アドラーギルド）開業。日本アドラー心理学会認定指導者、初代日本アドラー心理学会会長。著書『アドラー心理学を語る1　性格は変えられる』『同2　グループと瞑想』『同3　劣等感と人間関係』『同4　勇気づけの方法』『クラスはよみがえる』『アドラー心理学でクラスはよみがえる』、訳書『アドラーの思い出』（いずれも創元社）など。

アドラー心理学《しんりがく》を語《かた》る2
グループと瞑想《めいそう》

二〇一六年一二月二〇日　第一版第一刷発行
二〇二三年　六 月一〇日　第一版第六刷発行

著　者　野田俊作
発行者　矢部敬一
発行所　株式会社　創元社
〈本　社〉〒五四一-〇〇四七　大阪市中央区淡路町四-三-六
電話（〇六）六二三一-九〇一〇(代)
〈東京支店〉〒一〇一-〇〇五一　東京都千代田区神田神保町一-二　田辺ビル
電話（〇三）六八一一-〇六六二(代)
〈ホームページ〉https://www.sogensha.co.jp/
印刷　モリモト印刷　組版　はあどわあく

ISBN978-4-422-11632-7 C0311

性格は変えられる アドラー心理学を語る1
野田俊作著 アドラー心理学の第一人者が対話形式で著す実践講座シリーズの第1巻。性格を変えるための具体的方法を示し、究極目標の「共同体感覚」について平易に解説する。 1400円

グループと瞑想 アドラー心理学を語る2
野田俊作著 アドラー心理学の第一人者が対話形式で著す実践講座シリーズの第2巻。「共同体感覚」育成のためにグループ療法と瞑想法を導入し、具体的な進め方や効果を説く。 1400円

劣等感と人間関係 アドラー心理学を語る3
野田俊作著 アドラー心理学のパイオニアがやさしく語る実践講座シリーズの第3巻。健康な心とは、性格や知能は遺伝かなど、劣等感から脱し、健康な人間関係を築く方法を説く。 1400円

勇気づけの方法 アドラー心理学を語る4
野田俊作著 アドラー心理学のパイオニアがやさしく語る実践講座シリーズの第4巻。効果的な「勇気づけ」のコツや、子どもが個性を伸ばして生きる力を身につける方法を説く。 1400円

クラスはよみがえる ―学校教育に生かすアドラー心理学―
野田俊作、萩昌子著 問題児個人に対応するよりも、クラス全体の変革を……。クラスの中に民主的秩序をつくり、子どもの問題行動に隠された真の意図を見抜いて対応策を説く。 1700円

アドラー心理学でクラスはよみがえる
野田俊作、萩昌子著 ロングセラー『クラスはよみがえる』のコンサイス版。子どもたちが協力しあうクラス運営のオリジナル・メソッドを伝授し、アドラー流の教育スキルを身につける。 1400円

子どもにやる気を起こさせる方法 ―アドラー学派の実践的教育メソッド
ディンクメイヤー、ドライカース著／柳平彬訳 子どもにやる気を起こさせ、学ぶ力を身につける方法を豊富な事例とともに解説。アドラーの代表的後継者らが著した実践的教育書。 1700円

やる気を育てる子育てコーチング
武田建著 常勝アメフットチームをコーチした心理学者による子育てコーチングとして、行動理論に基づき、簡単につくれる「お約束表」を用いた効果的なしつけ方法を紹介。 1200円

子育て電話相談の実際
一般社団法人東京臨床心理士会編 臨床心理士ならではの技術や工夫が詰まった電話相談の進め方を、豊富な事例を交えて詳しく解説。子育て支援に関わる人のための話の聴き方。 2000円

子どもを育む学校臨床力
角田豊、片山紀子、小松貴弘編著 これからの教師に必要な力として学校臨床力を提案。従来の生徒指導、教育相談、特別支援教育を超えるための新たな視点、実践的知識を提供する。 2300円

＊価格には消費税は含まれていません。